科学巨人 邓稼先

中国科学家的榜样故事

松 鹰 主编
周知南 编著

童趣出版有限公司编　人民邮电出版社出版
北　京

图书在版编目（CIP）数据

邓稼先 / 松鹰主编；周知南编著；童趣出版有限公司编. -- 北京：人民邮电出版社，2021.8
（科学巨人. 中国科学家的榜样故事）
ISBN 978-7-115-56444-3

Ⅰ. ①邓… Ⅱ. ①松… ②周… ③童… Ⅲ. ①邓稼先（1924-1986）-生平事迹-少儿读物 Ⅳ. ①K826.11-49

中国版本图书馆CIP数据核字(2021)第076551号

责任编辑：张宇红
执行编辑：陈飞亚
责任印制：孙智星
美术编辑：段　芳

编　　　：童趣出版有限公司
出　　版：人民邮电出版社
地　　址：北京市丰台区成寿寺路11号邮电出版大厦（100164）
网　　址：www.childrenfun.com.cn

经销发行：010-81054120
读者热线：010-81054177

印　　刷：天津千鹤文化传播有限公司
开　　本：880×1270　1/32
印　　张：6
字　　数：125千
版　　次：2021年8月第1版　2025年4月第16次印刷
书　　号：ISBN 978-7-115-56444-3
定　　价：28.00元

版权所有，侵权必究。如发现质量问题，请直接联系读者服务部：010-81054177。

序

邓稼先是著名核物理学家、中国核武器研制工作的开拓者和奠基者，为中国核武器的研发做出了重要贡献。邓稼先曾在美国学习核物理，毕业当年毅然选择回国。作为中国核武器研制与发展的主要组织者和领导者，邓稼先始终坚守在武器制造的第一线，带领许多学者和技术人员成功地研制出了中国第一颗原子弹和氢弹，将中国国防自卫武器引领到世界先进水平。邓稼先在一次试验中遭受核辐射，不幸身患癌症，1986年于北京病逝。

踏遍戈壁共草原，二十五年前。连克千重关，群力奋战君当先。捷音频年传。蔑视核讹诈，华夏创新篇。君视名利如粪土，许身国威壮河山。哀君早辞世，功勋泽人间。

——张爱萍

选择了核武器，就意味着选择了牺牲和付出。可是，我对自己的选择终生无悔。假如生命终结之后能够再生，那么，我仍选择中国，选择核事业。

——邓稼先

我不爱武器，我爱和平，但为了和平，我们需要武器。

——邓稼先

前言

中国因他们而自豪

这套《科学巨人——中国科学家的榜样故事》系列丛书共10本，由松鹰主编和统稿，邀请国内多位作家参加撰写。主要介绍10位中国的科学家，他们分别是詹天佑、茅以升、李四光、竺可桢、梁思成、林巧稚、华罗庚、钱学森、邓稼先、袁隆平。

詹天佑是中国杰出的爱国工程师，他主持修建了中国自主设计并建造的第一条主干铁路——京张铁路，被誉为"中国铁路之父"；茅以升是中国桥梁事业的先驱，他主持设计并组织修建的中国第一座现代化大型桥梁——钱塘江大桥，成为中国铁路桥梁史上的一座里程碑；李四光是"中国地质学之父"，他为中国甩掉"贫油"的帽子，为创立地质力学理论做出了重大贡献；竺可桢是中国近代地理学和气象学的奠基者、中国物候学的创始人；梁思成是中国著名建筑学家、古建筑保护的标志性人物；林巧稚是中国妇产科学的奠基人之一、北京协和

医院第一位中国籍妇产科主任,也是首届中国科学院唯一的女学部委员(现称院士);华罗庚是国际数学大师,被誉为"中国现代数学之父";钱学森是"中国航天之父",由于他的卓越贡献,中国导弹、原子弹的研发向前推进了至少20年;邓稼先是"两弹元勋",为中国核武器的研发做出了杰出的贡献;袁隆平是"杂交水稻之父",他的成就为中国乃至世界粮食事业做出了巨大贡献。

这10位中国科学家,是中国科技的先驱者,是中国各个科技领域的旗手。他们为中国近现代科技的发展做出了巨大贡献,在世界范围内也享有盛誉。他们为伟大的祖国争了光,不愧是中国的骄傲!

这10位科学家的身上有许多宝贵的东西,值得我们学习。

一是爱国主义情怀。詹天佑幼年留学美国,回国后用学到的工程技术,投身于中国初期的铁路事业。在詹天佑之前,中国只有几条铁路,而且都是外国工程师主持修建的。詹天佑是第一位在中国成功主持修建铁路干线的中国工程师,在铁路工程技术领域打破了外国人的垄断。茅以升、李四光、竺可桢、梁思成、华罗庚和钱学森这些科学家,早年也都曾出国留学,

并且事业有成。他们毅然放弃国外优厚的待遇，有的还克服重重阻挠，回到祖国的怀抱，用所学报效国家和人民，为中国科技的发展做出了开创性的贡献。茅以升在20世纪30年代主持设计并组织修建了中国第一座现代化桥梁——钱塘江大桥，为中国桥梁事业做出了突出的贡献。邓稼先是美国普渡大学的博士，1950年，他毅然回国，投身于我国核武器的研制，为祖国的强盛做出了不可磨灭的贡献。

二是勇攀高峰的创新精神。华罗庚只有初中文凭，但是他自学完成了高中和大学低年级的全部数学课程，20岁时就以一篇论文轰动数学界。他不迷信权威，勇闯世界数学高峰，在多复变函数论、矩阵几何学等方面的成就卓越，被公认为国际数学大师。袁隆平是中国杂交水稻事业的开创者，是当代"神农"。几十年来，他始终在农业科研第一线辛勤耕耘、不懈探索，运用科技手段为人类战胜饥饿带来绿色的希望和金色的收获。李四光在科学研究上独立思考，不迷信外国权威，创立了地质力学理论，为中国找到了大量的石油资源和稀有矿藏，为中国甩掉"贫油"的帽子做出了重大贡献。他晚年还壮心不已，抱病对地震预报、地热开发等做了大量研究。

三是可贵的奉献精神。邓稼先为了研制中国的核武器，隐姓埋名 20 多年，并为此奉献了自己的生命，但他从不后悔。袁隆平从事杂交水稻研究半个多世纪，呕心沥血，苦苦追求，其卓越成就，不仅为解决中国人民的温饱问题和保障国家粮食的安全做出了贡献，更为世界和平和社会进步树立了丰碑。竺可桢在气象学、气候学、地理学、物候学、自然科学史等方面的造诣很深。他始终从科学的视角，关注着中国的人口、资源、环境问题，是"可持续发展"的先觉先行者。林巧稚不仅医术高明，她的医德、医风、奉献精神更是有口皆碑，她心中始终装着妇女、儿童。林巧稚一生亲自接生了 5 万多个婴儿，她把每一个婴儿都看作自己的孩子。

　　此外，梁思成为了保护中国古建筑文化遗产不遗余力。作为中国著名建筑学家、古建筑保护的标志性人物、中国建筑学界的一代宗师，他毕生致力于中国古建筑的研究和中国的建筑教育事业，为祖国培养了大批建筑人才。美国学者费正清称赞梁思成、林徽因夫妇说："无论疾病还是艰难的生活都无损于他们对自己的开创性研究工作的热情。就是在战时，梁思成依旧用英文写成了《图像中国建筑史》。在我们的心目中，他们是不畏困难、献身科学的崇高典范。"

邓稼先生平简历
1924—1986

1924
6月25日生于安徽省怀宁县，为邓石如后人，其父邓以蛰是著名美学家、大学教授。

1925
随父母迁居北京。

1940
10月，转入四川江津（现为重庆市江津区）国立第九中学。

1941
9月，考入国立西南联合大学物理系，于1945年从该校物理系毕业。

1946
6月，在北京大学物理系任助教。

1948
10月，进入美国普渡大学物理系学习，1950年8月获该校物理学博士学位。

1950
10月，在中国科学院工作，参与筹建近代物理研究所（1958年改为原子能研究所），从事原子核理论研究工作。

1952
晋升为中国科学院近代物理研究所副研究员。

1953
与许鹿希结婚。

1954
兼任中国科学院数理化学部副学术秘书。

1957

与徐建铭合作,在《物理学报》上发表了论文《辐射损失对加速器中自由振动的影响》。

1958

8月,调入新筹建的中国核武器研究所,领导理论部进行核武器的理论设计。

1964

10月16日,参与并指导了我国第一颗原子弹的爆炸试验。

1967

6月17日,参与并指导了我国第一颗氢弹的爆炸试验。

1979

在一次核弹空投试验失败后,深入辐射区域寻找受损的小型氢弹,身体遭到严重辐射。

1986

7月17日,被国务院授予全国劳动模范称号,荣获国家"七五"期间第一枚全国劳动模范奖章。

7月29日,病逝于北京。

Contents 目录

序
前言
邓稼先生平简历

引言 ··· 1

第一章 爱国斗士的成长之路
书香门第的秀实之禾 ···································· 3
"三不朽"父训 ·· 7
七七事变的枪声 ·· 13
西南联大的学子 ·· 17

第二章 异国的核物理之路
重返北平执教 ··· 25
赴美学习核物理 ·· 29
祖国的召唤 ·· 36
遇阻的回归之路 ·· 40

第三章 走向秘密旅程
归国的"娃娃博士" ····································· 44
"娃娃博士"的终身大事 ······························· 48
探寻秘密的原子世界 ···································· 52
"迟到"的原子弹模型 ·································· 57

第四章 艰辛的原子弹之路
在那灯火辉煌的年代 ···································· 62
打开核裂变的大门 ······································· 70
被洞悉的秘密 ··· 76
罗布泊上空的蘑菇云 ···································· 82

第五章 超越的氢弹之路
新的征程 …………………………………… 90
超越法国，为国争光 ………………………… 96
重温"三不朽" ……………………………… 106
不惧死亡的威胁 ……………………………… 111

第六章 迈向和平之路
"中国的费米" ……………………………… 118
为了和平，我们需要武器 …………………… 120
超越生命的极限 ……………………………… 123
告别大山 ……………………………………… 130

第七章 未走完的科学之路
永恒的光源 …………………………………… 135
未听完的《命运交响曲》 …………………… 141
奋斗的人生是最美好的人生 ………………… 149
比生命更重要的一份建议书 ………………… 152

第八章 功勋满人间
"两弹元勋"邓稼先 ………………………… 158
终身无悔的选择 ……………………………… 164
诀别前的微笑 ………………………………… 167
"功勋泽人间" ……………………………… 175

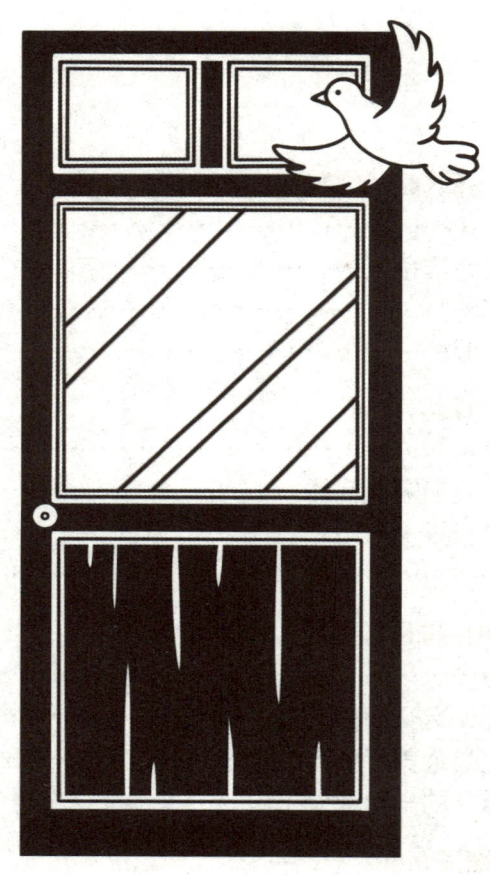

引言

  1964年10月16日，这是一个非同寻常的日子——罗布泊的清晨浓云密布，能见度极低，然而，中午过后，天气突然转好。这突然转好的天气并未给这位身材高大但明显有些瘦弱的中年人带来一丝轻松。虽然他专注地盯着指挥所里的屏幕，犹如一尊已逾千年的石雕，但他微微颤抖的双手还是反映出了他内心的真实感受。下午2时59分50秒，他的耳边响起了倒计时的声音:"10、9、8、7、6、5、4、3、2、1,起爆!"

顿时,在罗布泊的中心地带,伴随着巨响,一颗猩红色的硕大火球直冲云天;接着,一朵壮丽的蘑菇云当空盛开。

这一刻,时间似乎凝固了,所有人都紧紧地盯着屏幕,整个指挥所里安静极了。突然,有人欢呼起来:"成功了!我们成功了!"

顿时,指挥所里的人们一起欢呼雀跃。那个身材高大的中年人听到有人对他说:"邓主任!我们成功了!"

这一刻,那个中年人热泪盈眶,激动地说不出话来——这位中年人就是研制"两弹"的功勋科学家邓稼先,这朵壮丽的蘑菇云就是中国研制出来的第一颗原子弹成功爆炸后形成的!

第一章 | 爱国斗士的成长之路
书香门第的秀实之禾

1924年6月25日,邓稼先出生于安徽省怀宁县白麟坂(今安庆市宜秀区五横乡白林村)。

白麟坂阡陌纵横,沿一条小路拾阶而上,路的尽头矗立着一座建筑,名为"铁砚山房"。走近大门,古朴厚重的两个石制门墩标示着这处建筑的古老,石墩正面刻有鱼纹,两侧则雕刻着瑞兽麒麟。如今的铁砚山房第一进,是三开间的门厅,有邓石如之子邓传密题写的隶书门额"铁砚山房";第二进,正厅三开间,名为"守艺堂";第三进,名为"燕誉居"。主体建筑西侧为斋馆庭院,旧有"求声馆""挹翠楼",外围则是清幽雅致的花园。

邓稼先就出生于"守艺堂"西侧的房间里。

邓氏家族在这白麟坂,是智慧和富有的象征。

相传200多年以前,邓氏家族中读书出仕、赴外地经商的人经年不绝,有的成为达官贵人,有的成为商界巨贾,有的则集儒、商、官于一身,可谓有文、有财亦有势,显赫一时。其中,邓稼先的六世祖邓石如,被推崇为清代篆刻、书法第一大家,闻名大江南北。

邓石如，字顽伯，别号完白山人、笈游道人，精四体书，他的篆刻雄浑朴厚，自成一体。当年的户部尚书曹文埴非常赏识皖派邓石如的金石书法，曾向朝廷鼎力举荐。因此，邓石如受邀赴京，得到京城书法名家盛赞。此后，邓石如又被曹文埴引荐至湖广总督毕沅处做幕僚。这位完白山人不喜官场，做了3年幕僚后，执意回归故里。毕沅挽留不成，于是赠予他铁砚一方，赞其品性如铁砚，刚正不阿。回乡后，邓石如于山水间建起一座宅院，并命名为"铁砚山房"。

邓稼先的祖父邓艺孙，与苏曼殊等名士是情投意合的挚友，在安徽学界享有盛誉。邓稼先的父亲邓以蛰，字叔存，自幼接受父辈的严格教导，苦读诗书，工画山水。1907年，邓以蛰刚满15岁便东渡日本留学，后于东京早稻田大学毕业并获文学博士学位。1911年，他回国从事文化教育行业。1917年，邓以蛰赴美国纽约哥伦比亚大学攻读哲学与美学。1923年，他学成回国，曾担任清华大学、北京大学、燕京大学、厦门大学教授。任教期间，邓以蛰在《晨报》《新青年》等我国早期进步报刊上发表了许多文章，他文笔奔放，见解独到，给学术界、思想界乃至文学界带来了一股清新之风。

邓稼先的母亲王淑蠲，聪颖贤淑，虽然是大家闺秀，但自嫁到邓家，无论农活儿还是家务，她都认真操持，干活儿手脚麻利，不怕辛苦。她为人宽厚，从不在背后讲人是非；她还把娘家陪嫁的布匹拿出来给佣人做衣服。人们夸奖她是一个宽宏大度、乐善好施的好人。

邓稼先是邓以蛰的第三个孩子，邓稼先有两个姐姐：大姐邓仲先、二姐邓茂先。

为了给儿子取名，邓以蛰颇费了一番心思。

在历史悠久的中国，命名（包括给孩子取名，给书斋、店铺命名等）与中华民族的历史、文化密切相关，从而构成了独具特色的姓名文化。特别是有身份、有文化教养的家庭给孩子取的名，往往寄托了长辈对晚辈的希望，有较深的文化蕴涵。邓以蛰对夫人说，唐宋八大家之一的苏洵，为其两个儿子取名为苏轼、苏辙，是煞费了苦心的，还撰写了一篇散文《名二子说》，特地说明了"轼""辙"二字的微言大义，足见古人对命名的审慎。

邓以蛰在室内踱着步子，他走到窗前停下来，遥望夏日郁郁葱葱的田野。看到刚刚吐穗的稻谷在微风中起伏着，邓以蛰眼睛一亮说道："我们的儿子就取名'稼先'吧！古人说，禾之秀实为'稼'。'稼'就是田野中已经秀穗结实之禾。'稼先'

一名如何?"没等淑蠲回答,他又说:"'稼先'这个名字内蕴很深,预示着我们的儿子根植于中华大地,并且早早地成熟,将成为造福民众的沧海之一粟。"

王淑蠲赞赏地点了点头。

"稼先"是父辈的祈盼,也是父辈的良好祝愿。邓稼先大半个世纪的足迹证明,他确是一株植根于中华大地的秀禾,一株默默无闻地造福中华大地的秀禾。他没有辜负父辈的祈盼。

"三不朽"父训

1925年,邓以蛰趁回家度假之机,将妻子儿女接来北京定居。这时,邓稼先刚满8个月。

幼年时代的邓稼先是个爱问"为什么"的孩子,经常缠着父亲问这问那,有些问题相当奇特。当他刚学会用10个手指数出1~10的数字时,一天,他举着双手问父亲:"爸爸,人的手指头为什么刚好是10个?数完10个,再往下数,没有手指头了怎么办?"

邓以蛰惊喜地望着儿子,他感到儿子提出的问题虽然很幼稚,但恰恰说明小稼先在开动脑筋、思考问题了。他俯下身,亲切地对儿子说:"人有10个手指,是老祖宗留给我们的。这10个灵巧的手指头除了干活儿、写字、画图画外,还能帮助我们数数。从大拇指数到小拇指,数完左手数右手,数完了刚好是10个。如果接着往下数,还从左手的大拇指开始,不过不能再数'1'了,而要读成'11''12'……因为个位数到9就到头了,就要进到十位;十位数再数到99,就要进到百位。当然,如果要数更多的数,光靠手指头是不行的,就要使用算盘了。"小稼先听完父亲的话,恍然大悟地点了点头。

立不朽之言　立不朽之功　立不朽之德

邓以蛰很注意开发小稼先的思考能力,总是耐心地回答小稼先提出的各种千奇百怪的问题。他还从多方面启迪小稼先,使儿子懂得人与人、人与大自然的关系。

在邓稼先走进学堂的前夕,邓以蛰把他叫进书房,叮嘱道:"稼先,明日你就要上学读书了,你将要成为读书人了。古人讲读书人应有'三不朽',你知道这'三不朽'是什么吗?"

小稼先摇了摇头。邓以蛰接着说:"这'三不朽',就是要立不朽之德,立不朽之功,立不朽之言。

"先说立不朽之德。一个人上学读书要长知识,更重要的是修养美德。将自己一辈子修养的美德一代接一代地留传给后人,就叫作立不朽之德。

"再说立不朽之功。一个人读了书,增长了知识,也增长了本领,就要用自己学到的知识和本领为社会做一些好事、益事,为后人造福。此乃立不朽之功也!

"最后是立不朽之言。读书人要虚心学习先人留下来的知识,但是,又不能人云亦云,要有自己的见解和主张,还要把正确的见解留传给后代,让后人学习。这就是立不朽之言。

"不朽者,永生、永存也。我儿应该将做'三不朽'之人当作自己读书做人的目标。"

做"三不朽"之人，这就是邓以蛰给予"人之初"的幼子邓稼先的父训。

小稼先睁大了眼睛，聆听父亲这番郑重的教导。可是，他实在听不大明白。但他知道，父亲是让他好好读书，做一个好人。面对父亲的教诲，他郑重地点了点头，表示记下了。

从此，这"三不朽"父训，一直深深地影响着邓稼先。

邓稼先的中学生活大半是在北京（1928年改称北平）西单绒线胡同的崇德中学度过的。崇德中学是一所英国人开办的教会学校，注重英语教学。邓稼先自幼便跟随父亲学英语，八九岁时便可讲一口流利的英语。然而，使人意想不到的是，他对理科产生了浓厚的兴趣，尤其喜爱数学。许多人都产生了这样的疑问：一个出身于文史哲大家门庭的孩子，怎么改攻理工科了呢？其中一个重要原因，是他从孩童时期便得到了同学兼挚友杨振宁的引导。

当时杨振宁也在崇德中学读书。杨振宁的父亲杨武之，祖籍安徽合肥，与邓以蛰可说是同乡。他们先后留美回国，1929年后又同在清华大学任教。由于父辈的特殊关系，两家交往甚密。杨振宁比邓稼先长两岁，常以大哥哥的身份关照邓稼先。由于杨振宁的影响，邓稼先在数学、物理等课程上的才华逐渐显露出来，而且对数学很着迷。每天晚上，他演算数学习题都是那样津津有味，简直到了如痴如醉的地步，若不是家人催促睡觉，他常常会演算到深夜。

一次，杨振宁在父亲的书橱里发现了科学读物《自然哲学的数学原理》的通俗本，它是将牛顿的旷世巨作，用通俗的语言改写而成的。在这本著作中，牛顿用力学观点分析了日月星辰的运动，得出了一幅完整的、以物体运动学规律为基础的图景。杨振宁自己迷上了它，并拿来与邓稼先共同阅读。由于邓稼先比杨振宁低两个年级，书中的许多数学术语他似懂非懂。尽管如此，他仍然仔细地做笔记、做摘录。

杨振宁告诉邓稼先，牛顿写的这本书就像是一本"神书"。据说，科学家哈雷根据这本书介绍的原理，于1705年推算出了一颗彗星的轨道，并预言这颗彗星将大约于1758年再度出现。实际上由于受到其他天体的影响，在1759年3月13日，这颗彗星果真再现了。真是神奇啊！

每逢杨振宁同邓稼先聚在一起，谈论起科学技术的话题总是滔滔不绝。杨振宁读书很多，知识渊博，所以他的话题总是丰富又新鲜。

在崇德中学，课余时间里，有两个人总是形影不离：一个是公认的"机灵鬼"杨振宁,一个是以待人忠厚而赢得"邓老憨"绰号的邓稼先。两个人不仅喜欢在一起看书、讨论问题,也是足球场上的好搭档。每到周末,他俩必然是踢出一身臭汗,才肯回家吃饭。

这两位情投意合的同窗好友,在少年时代便树立了远大理想。后来都成长为卓越的核物理学家的两人,尽管人生道路各不相同,但他们都在核物理领域做出了巨大贡献。他们相交相知50年,彼此真诚相待,他们真挚的友谊谱写出了现代科学史上的一段佳话……

七七事变的枪声

1937年6月,侵入我国华北地区驻扎在北平西南宛平县(现已撤销)的日军接连进行挑衅性的军事演习。7月7日夜,日军借口一士兵失踪,向驻扎在宛平县城和卢沟桥的中国军队猛烈开炮。当地中国驻军第二十九军第三十七师,在全国抗日热潮的影响下,奋起抗击日军。这就是震惊中外的七七事变(又称卢沟桥事变)。

在民族存亡的关键时刻,爱国知识分子邓以蛰教授表现出了高尚的民族气节。他因为患肺病未能随清华大学南迁,而是留在北平。这时,有人上门来请他为日伪政府做事,待遇优厚,他怒发冲冠,愤而将其赶出门去。邓家就这样隐居在北沟沿的四合院里,靠着往日的积蓄,过着十分清贫的生活。这期间,邓以蛰由于身染肺病,身体虚弱,极需营养和静养。邓夫人性格豁达开朗,在这样的境况下,主理家务,不辞劳苦,一人担起了相夫教子的重担。她在后院开出一块菜地,种上了常吃的菜蔬,浇水、施肥、松土,样样操劳。过日子,她精打细算,极力保证丈夫的营养,但她和孩子们每天吃粗米粗面,有时就吃蒸窝头、小米粥,只用腌萝卜条下饭,生活清苦。

科学巨人 | 邓稼先
中国科学家的榜样故事

父亲邓以蛰的民族气节深深地影响了邓稼先。1940年的仲春季节，北平日伪当局强迫市民和学生为"庆祝皇军胜利"举行聚会游行。邓稼先所在的学校也被迫组织学生参加了这次聚会游行活动。聚会开始后，会场上戒备森严，邓稼先一腔怒火不得发泄。散会时，他早已忍耐不住，将手中的纸旗子扯得粉碎，并狠狠地说道："这简直是奇耻大辱！"

邓稼先的举动被日伪当局安插在学生中的眼线发现并立即告发到邓稼先就读的中学。凑巧，这所中学的校长是邓以蛰的朋友。这位校长打发走那个告发人之后，便急匆匆地赶到位于北沟沿的邓宅，向邓以蛰述说了事情的经过，然后忧心忡忡地说道："邓先生，稼先的事情我只能搪塞一时，如果没有处理结果，恐怕日方不会答应，到那时可就不好办了。"

邓以蛰对这突如其来的事故毫无准备，一时不知如何是好，便求助于这位朋友。

"这件事，还是请仁兄拿个主意才好。"

"依我看，硬顶不行，藏起来也不是长久之计，还是想办法赶快帮稼先远离北平吧！"

邓以蛰想了一下，说道："多谢仁兄指点，事到如今，也只好如此了。"

送走校长，全家人聚在邓以蛰的书房里共议邓稼先的出路。说来说去，还是走为上策。邓以蛰提议，让已经读完大学的长女邓仲先带着弟弟邓稼先到大后方昆明去。那里有南迁的北京大学、清华大学等学校和他的许多老朋友。这样，既不耽误邓稼先读书，也比较安全。王淑蠲无奈，只好点头同意，事情就这样定下来了。

邓稼先是个感情很丰富的人。他虽痛惜处于日寇铁蹄下的北平，但是当他将要离开父母、离开家园时，他又深深地眷恋这片热土。

临走时，邓以蛰对儿子说道："稼先，你们此次西南之行，远离父母，时刻注意把握好自己，要为自己的未来、自己的远大理想不懈努力！"

邓稼先凝视着父母，会意地点点头。

姐弟俩上路了。两辆黄包车上，一辆坐着一双儿女，一辆拉着母亲用了两个通宵新做的被褥和其他行李。带着沉甸甸的母爱，挂着满面泪水，他们告别了父母，开始了他们生命之旅中的第一次漂泊生涯。

1940年的初夏，16岁的邓稼先与大姐邓仲先一起，从天津港乘坐"津江号"货轮南下。经过舟车劳顿，姐弟俩终于到达昆明。先期到达昆明的父亲的好友汤用彤教授,早已安排好邓家姐弟的住所。

邓稼先的四叔邓季宣当时在四川江津(现为重庆市江津区)国立第九中学(简称江津九中)担任校长。大姐邓仲先谨遵父命,于这年秋季开学后不久,将弟弟邓稼先送到四川江津投奔四叔。于是,邓稼先便成了江津九中高三班的插班生。第二年7月,邓稼先在江津九中以优异的学习成绩领取了高中毕业证书。

西南联大的学子

1941年初秋，17岁的邓稼先考入国立西南联合大学（简称西南联大）物理系。

西南联合大学，原是由北京大学、清华大学和南开大学3所大学于1937年七七事变后，南迁昆明合办的一所大学。校舍虽然简陋且分散在昆明市的好几个地方，但这里聚集了诸多著名教授，教学质量非常高，特别是物理系，更是名师荟萃。其中有参加测试普朗克常数的叶企孙，有为证实康普顿效应做出贡献的吴有训，有对证实正电子存在有过帮助的赵忠尧，有涡旋动力学权威周培源，还有吴大猷、王竹溪、张文裕、饶毓泰等许多著名学者。最使邓稼先开心的，是他的好友杨振宁当时已是西南联大物理系3年级的学生，他们又可以经常见面、切磋学业、交流心得、说知心话了。

那时，西南联大物理系占有5间平房，尽管教学条件简陋，但实验室、资料室、教研室一应俱全，教授们对学生的学业要求也十分严格。名师严教，使这所学校在战乱之中仍然培养出了一大批举世瞩目的杰出人才。西南联大的校歌，恰好表明了它的宗旨：

万里长征,
辞却了、五朝宫阙。
暂驻足、衡山湘水,
又成离别。
绝徼移栽桢干质,
九州遍洒黎元血。
尽笳吹、弦诵在山城,
情弥切。

千秋耻,终当雪;
中兴业,须人杰。
便一成三户,
壮怀难折。
多难殷忧新国运,
动心忍性希前哲。
待驱除仇寇,复神京,
还燕碣。

杨振宁、李政道以及邓稼先就是唱着这支校歌,走出西南联大校门,走出国门,走向科研高峰的。

在艰苦而动荡的环境里,西南联大校方总是设法保证教学质量。理学院院长吴有训与物理系教授们一道托亲求友,通过欧美各盟国的驻华机构,源源不断获取英文版的科技书籍和杂志,不断更新教学内容,这使得西南联大的物理教学始终站在科技的最前沿。

在战乱中坚持教学的西南联大师生,经历了常人难以想象的艰难。从清华大学运来的200多箱实验仪器,都埋藏在距学校二三十里以外的村庄地下,每逢实验时便取出来,实验完毕又埋于地下,师生的劳累可想而知。

近百名知名教授的薪金低得可怜,他们为了培养栋梁之材,过着非常清贫的生活。学生的生活更是苦不堪言。他们住的是像临时工棚那样的"学生宿舍",一个大棚里住40多人,一律睡上下铺,拥挤不堪。房子冬季不挡风,夏季不蔽雨,十分简陋。

西南联大就是在这种恶劣的环境里,"动心忍性",坚持高质量的教学,为祖国的"中兴"培育"人杰"。

在西南联大读书期间,邓稼先学习非常用功,基础课学得很扎实，探讨问题也很大胆。一次，在数学课上，赵淞副教授问他："什么叫微积分？"

"是曲线下的面积。"邓稼先从容答道。

"3个苹果加上5个苹果等于多少？"

"等于8个苹果。"

赵副教授接下去讲："倘若问小孩子3加上5等于几，他可能说不清楚，但问3个苹果加5个苹果是多少，小孩子就可以回答清楚。同样，积分以曲线下的面积举例说明，就可以表达清楚。一般说来，积分是一些数之和。"

赵副教授与邓稼先的问答使同学们恍然大悟，他们对微积分这个数学概念理解得也更加深刻了。

关心国家大事，关心民族命运，是邓稼先从父亲那里继承的品格。他因反抗日寇入侵被迫逃离北平，来到西南联大以后，他的政治热情更加高涨。在校园的阅报栏下，经常有他的身影。他可以说是《新华日报》的忠实读者。

1941年12月7日，日军偷袭珍珠港，美、英先后对日宣战，太平洋战争全面爆发。邓稼先更加关心时局，他常和同学们到大姐邓仲先家中听收音机，密切关注局势的发展。

这期间，日寇占领了越南、缅甸，乃至整个东南亚，并逼近中国的云南、广西、贵州等省。这时的昆明已从后方变为前线，日寇的轰炸越来越频繁。"跑警报"成了西南联大师生的主要生活内容。每当空袭警报响起，师生们便纷纷奔向郊外的防空洞。战争打乱了正常的教学秩序，却给邓稼先和杨振宁创造了更多相依相伴的机会。因为每当警报响起，杨振宁作为大哥哥首先想到的就是邓稼先的安全，他总是记得拉上邓稼先躲进防空洞或战壕。每当听见敌机俯冲扫射的尖啸声，他俩便紧紧地抱在一起。一次，几枚炸弹连续在防空洞不远处爆炸，洞壁因受震而纷纷崩落，这兄弟俩连忙埋头俯卧。轰炸结束后，两人连忙掸去头发和衣服上的泥土，望着对方被泥土"化妆"过的花猴脸，感慨万端。

邓稼先最喜欢与杨振宁一起讨论学术问题。有一次，邓稼先借了一本英文版的杂志，他对其中一篇题目为《人类对原子世界的新探索》的文章很感兴趣。他对杨振宁说："物理学家卢瑟福与化学家索迪一起，于1902年提出了原子自然蜕变理论……"

杨振宁很有兴趣地说道："卢瑟福的原子自然蜕变理论，具有划时代的意义，他指出，一种元素的原子，可以转变为另一种元素的原子，同时放射出 α 粒子和 β 粒子。由于这些射线粒子来自原子核，这就打破了原子不可再分的理论，揭开了

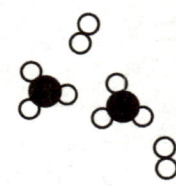

物理学史上深入探索原子世界的新篇章……"

在日本飞机的狂轰滥炸中,这两个未来的科学巨星就这样继续着那神秘而又复杂的原子世界的话题。

邓稼先回忆着他读过的那篇文章《人类对原子世界的新探索》:"卢瑟福的学生查德威克,在他的实验室中发现了原子核的另一个组成部分——中子。中子具有很强的穿透力,可以'轰开'所有元素的原子核,这就为科学家们找到了打开原子核那扇大门的'金钥匙'。"

杨振宁接着说道:"是这样的,20世纪30年代末期,众多科学家纷纷拿着这把金钥匙进行打开原子核大门的各种试验,诸如德国的海森伯、丹麦的玻尔、意大利的费米、德国的哈恩、犹太人迈特纳女士、法国的居里夫妇等。经过众多科学家不懈的努力,终于发现了铀原子在裂变过程中能释放出巨大的能量——铀裂变所释放出的能量,相当于等量炸药爆炸时所释放能量的2000万倍。1939年,迈特纳女士和弗里施在英国一家杂志上撰文公布了这个重大发现。从此,科学技术词典中又多了一个迷人的新词语——核裂变。原子时代的序幕就这样拉开了……"

早在20世纪40年代,杨振宁和邓稼先便开始了关于原子

世界的对话,想不到的是,到了20世纪50年代,这两位科学巨人便分别在太平洋的东西两岸,先后跨进了原子世界的大门,并且双双成为科学巨星,光芒交相辉映。

1945年8月15日,日本天皇宣布无条件投降。世界人民反法西斯战争胜利了!中国人民抗日战争胜利了!整个中国沸腾了!

不久,邓稼先送别杨振宁。杨振宁绕道香港乘船赴美国,进入芝加哥大学物理系攻读博士学位。

这一年,邓稼先从西南联大物理系毕业,他终于可以回到北平与父母团聚了。

第二章 | 异国的核物理之路
重返北平执教

1946年6月，22岁的邓稼先被北京大学物理系聘为助教。经过千辛万苦，邓稼先由祖国的大西南辗转回到了他阔别6年之久的北平，回到了他日夜思念的双亲身旁。

邓稼先为父亲买来两瓶酒。这天晚上，大家聚在庭院的大槐树下，为邓稼先接风。

亲人相聚，自是一乐；与古槐相伴，倍觉亲切。此刻，他紧挨着父亲，坐在一把藤椅上。家人面前都摆上了一杯酒，浓郁的酒香在小院中流淌。那清凉的秋风，像南国丝绸一样柔滑。银月镶嵌在夜空中，月光映照在这温馨的小院里。远远近近的秋虫此唱彼和，浑然天成。谛听着这和谐的虫鸣，邓稼先似乎感受到了一种生命的韵律，仿佛回到了童年时代。

邓稼先陶醉在与亲人那融洽相处的氛围里，感到无限满足。几年来远离父母的思念之苦，数千里颠沛流离之苦，此刻统统化为乌有，真可谓"酒不醉人人自醉"了。

邓稼先端详着父母亲，他发现父母亲老了许多。但是，他们的精神依然很好。父亲在早饭后照例坐在书房的桌案前，读书或写作。他常对孩子们说："我们没有理由浪费一寸光阴，因为无限时光的每时每刻都包含在自己的有限生命之中。珍惜生命，必须从此时此刻开始。这样，此时此刻才可以成为永恒。"

将门出虎子。出现在"北大红楼"物理系讲坛上的邓稼先，很快引起了人们的关注。刚满 22 岁的邓稼先是北京大学最年轻的助教。

他风华正茂，精力充沛，情绪饱满；他大方潇洒，气宇不凡。不论穿传统的长袍，还是穿时髦的西装，邓稼先都透出一种睿智和精明。他讲课的语言儒雅，极富魅力，置论透彻，与同学们平等相处，和蔼可亲，很快便赢得了学生们的好感和尊敬。

时局的变化异常迅速，国民党的军队节节溃败，共产党领导的人民解放军取得一个又一个伟大的胜利。北京大学里往日趾高气扬的特务分子、"三青团"骨干分子渐渐灰溜溜地隐匿了；相反，作为共产党的外围组织民主青年同盟（简称"民青"）骨干的邓稼先则更加活跃。他与其他同志一起组织大型集会，集体朗诵闻一多的长诗《一句话》，朗诵郭沫若的长诗《凤凰涅槃》，演出改编的话剧《祥林嫂》。

邓稼先通过参加和领导一系列政治活动，政治上日趋成熟。这期间，邓稼先当选为北京大学教工联合会主席。这个教工联合会是"民青"的外围组织。

当年,北京大学的"民青"在举行小型集会时,邓稼先会把父亲的手摇留声机搬进教师宿舍,以"听音乐"作掩护。就这样,一帮血气方刚的年轻人结伴在音乐里穿行。音乐既是掩护,也把悲壮的历史画面深深烙印在他们的记忆中。在他们搜集的唱片中,更多的是戏曲。在《赤壁之战》中,曹操横槊赋诗,吟唱"对酒当歌,人生几何",是何等的豪迈沉雄;在《霸王别姬》中,项羽与虞姬生死离别,自刎于乌江,不肯见江东父老,是何等的缠绵悲壮;在《刺秦王》中,猛士荆轲于易水之畔告别亲友,长啸"风萧萧兮易水寒,壮士一去兮不复还",撼天地,泣鬼神,又是何等的慷慨激越!这些惊心动魄的历史事件和悲壮雄浑的音乐,给这群年轻人平添了无限的勇气和力量。

邓稼先和他的青年朋友们,在音乐的掩护下议论时局、抨击时弊,也在音乐的掩护下学习新思想。他鼓励那些对革命前途抱悲观情绪的同学:"时代呼唤正义,正义必将压倒邪恶。我们的民族需要自强,不可悲观叹息。中国共产党领导的人民解放事业是正义的事业,是合乎民心的事业,因此一定能够战胜反动势力,取得最后的胜利,一个崭新的中国必将诞生。"

在最黑暗的日子里,邓稼先的心灵深处仍旧充满灿烂阳光,"民青"的同志们跟他在一起,总能感受到一种信心和鼓舞。当年,邓稼先被看作北大进步力量的象征。

邓稼先也意识到,为了迎接崭新中国的诞生,为建设一个政治上独立、经济上繁荣、文明先进的中国,必须努力掌握现代文化,掌握先进的科学技术。他要到异国他乡获取新知识,积蓄力量,建设祖国的未来。

赴美学习核物理

1948年初秋。

"呜——"只听一声汽笛长鸣,邓稼先与杨振宁的弟弟杨振平结伴乘坐的美国邮轮驶出了上海吴淞口。

邮轮向大洋深处驶去。晚霞映在海面上,大海一片绯红。随着一轮红日慢慢地隐入苍茫的海水,大海也由绯红变成墨紫。

邓稼先默默地伫立在甲板上,凝视着变幻中的大海,不禁心潮澎湃。看大海,特别是看夜间的大海,最容易引人思考和回忆。

邓稼先善于思考,并有远见卓识。他意识到,必须选择适合自己的道路去为祖国服务。他的特长在科学技术方面。祖国要实现现代化,就离不开先进的科学技术,而先进的科学技术在西方。倘若不走出去,怎能掌握它?他的这些想法,得到了许多知心朋友的理解。就在他离开北平的前夕,与他最要好的物理系学生于敏登门为他送行。邓稼先敞开心扉,向于敏说明了此行的设想和未来的打算。于敏非常赞赏自己老师的想法,支持他的美国之行。

赴美之前,邓稼先曾写信征求杨振宁的意见,问他到美国哪一所大学就读较为合适。按当时的规定，留学生可以自选学校。杨振宁经过仔细斟酌，建议邓稼先到印第安纳州普渡大学攻读博士学位，其理由是：第一，普渡大学的理工科水平较高，在美国理工类大学中排名前十，而且收费较低；第二，普渡大学离芝加哥大学较近，两人可以时常见面。

邓稼先采纳了杨振宁的建议。

1948年10月，邓稼先进入美国印第安纳州的普渡大学研究生院物理系。普渡大学位于芝加哥南边约160千米的小城西拉法叶市。城中有一条名叫沃巴什的小河缓缓流过。这里人烟稀少，静谧安详，是莘莘学子苦心读书的好去处。

当年，普渡大学在美国虽然名气不那么大，但学术水平却属上乘，在华人学子中曾有"清华认麻省，交大认普渡"之说，足见这所大学在学术界的地位之高。普渡大学的物理系，教学教研设施很完善，师资堪称世界一流。

邓稼先选择了核物理专业，以《氘核的光致蜕变》作为自己的博士论文选题。

邓稼先的导师是荷兰人德哈尔。德哈尔多年来一直研究原子核物理，具有指导研究生的丰富经验。邓稼先怀着愉快的心情拜访了他，并用流利的英语与他对话。德哈尔对邓稼先进行了一番例行测试之后，突然提出这样一个问题："你为什么要选择核物理作为研究课题呢？在第二次世界大战中，美国使用了原子弹，给日本人民带来了经久不愈的创伤，你怎样看待这件事？"

反应敏捷的邓稼先，略加思索，回答道："我是来学科学的，我是怀着极大的兴趣来学习研究核物理的。科学的任务是不断探索，不断发现以前未曾发现的奥秘。我渴望掌握核物理科学的前沿成果，至于我学到的科学技能如何为人类服务，那就是政治家的事了。"

德哈尔连连点头，当即同意这位才思敏捷的中国学生以本科生身份直接攻读博士学位。这在美国普渡大学尚属首例。德哈尔微微地笑着，说道："你的老师吴有训先生在美国物理学界是很有影响的，他是一位很出色的物理学家。还有你的老师吴大猷、赵忠尧、叶企孙、周培源……这些科学家的名字，都是我们非常熟悉的。"

在异国他乡，这位很有名气的科学家在称赞自己的老师，称赞中国的科学家，邓稼先感到非常自豪。

随后，德哈尔带着邓稼先来到实验室。在这里，邓稼先第一次看到了粒子加速器这个庞然大物。这令他大开眼界。走出实验室之后，师生二人边走边谈，来到学校草坪广场的喷水池旁，他们席地而坐。健谈的德哈尔教授，此时把核物理的话题一下子拉到了12年以前，他说道："12年以前，我在哥本哈根第一次遇见那位被称作'原子弹之父'的卢瑟福。你知道当年我们谈论的话题是什么吗？"

邓稼先摇摇头。德哈尔接着说："当年卢瑟福认为核能的利用几乎是不可能的。当然，那时我们的观点是一致的。卢瑟福甚至说，想在技术上利用核能，纯属天方夜谭。"

这时，邓稼先惊诧地看着导师德哈尔，眼里流露出几分疑惑。德哈尔笑眯眯地说道："可是，没过多久，哈恩便发现中子能冲击原子核使其产生裂变，终于证明了在技术上利用核能并非天方夜谭，而是活生生的现实。"

听完导师德哈尔的一番话，邓稼先想到，在茫茫宇宙之中，未被揭开的奥秘实在太多了，这要靠一代接一代、千千万万的科学家去探索。他那一颗求知若渴的心，此时更加热切地期待着能早日闯进这座神秘的科学殿堂。

这天晚间，邓稼先与在芝加哥大学读书的杨振宁通了电话。在异国他乡听到杨振宁那熟悉而亲切的声音，他感到非常兴奋。

"稼先，你对学校和导师的印象怎样？"

"都很好。告诉你一个好消息,导师看过我大学毕业的论文和其他材料以后,破格同意我以本科生身份直接攻读博士学位。"

"这太好了,祝贺你呀,这样就会省去许多时间。只是你要准备比别人多吃一些苦啊!"杨振宁兴奋地说道。

"振宁,你知道,我最不怕的就是吃苦。英语、德语已经顺利过关。只要在物理、化学、数学上下一番苦功夫就是了。"

"稼先,这一点我非常相信你!还有学校收取费用的情况怎样?"

"果然如你所说,学校收费不高,否则怕是连吃饭都成问题啦!"

"稼先,暑假过来吧,我帮你和振平补补物理,稍带再弹一回小时候玩过的玻璃球,好吗?"

"要说小时候弹玻璃球,那我可是常胜将军啊!"

两位华人学子,由于互相思念之情过浓,打起了"马拉松"电话,竟然忘记了当年对他们来说还很高昂的电话费。

1949年暑假,邓稼先赶赴芝加哥,与杨振宁、杨振平团聚。他们三人同住在刚刚租来的一间房子里,一起游泳、一同散步、聊天,一同打壁球、弹玻璃球,重温儿时的美妙时光。

第二章 异国的核物理之路

　　杨振宁抓住时机,拍下了许多动人的瞬间,留作永恒的纪念。在杨振宁和邓稼先家里,至今仍都保存着当年他们合拍的照片。

　　邓稼先和杨振宁相聚,谈得最多的还是他二人所热爱的核物理事业。在核物理的抽象王国里,两个胸怀大志的年轻人,双双展开思想的翅膀自由翱翔,是那么尽兴、那么美妙!

祖国的召唤

不久，邓稼先加入了海外华侨的进步组织——留美中国科学工作者协会。这个协会有数百名海外华人参加，他们常在美国中部城市芝加哥北部的邓肯湖畔集会，交流国内情况。邓稼先作为普渡大学的代表，在会上发表了演讲，他满怀激情地揭露国民党政权腐败堕落的现状，介绍国民党统治区的爱国学生运动，介绍人民解放战争的大好形势。与会者听了邓稼先的讲演，莫不感到欢欣鼓舞。

1949年10月，电波载着胜利的喜讯飞抵大洋彼岸——中华人民共和国成立了，中国人民从此站起来了！

1950年暑假，留美中国科学工作者协会的百余名进步知识分子从美国各地再一次赶赴邓肯湖畔，为庆贺中华人民共和国的诞生举行集会。一盘硕大的蛋糕插了一面五星红旗，在红烛的照耀下分外鲜艳。众多海外学子，为祖国的新生开怀畅饮。

入夜，邓肯湖畔燃起了熊熊篝火。百余名海外华人学子手牵着手，围绕篝火齐声高唱《团结就是力量》。雄壮的歌声伴着大洋波涛，传递着海外赤子的拳拳爱国之情。邓稼先激情满怀，在熊熊的篝火旁，即席朗诵了自己撰写的一首抒情长诗。

邓稼先才华横溢的诗作，引得海外学子纷纷即席赋诗，直到深夜，邓肯湖上升腾起了朦朦胧胧的雾霭，大家才依依不舍地散去。

邓稼先在他的导师德哈尔的指导下，开始了《氘核的光致蜕变》论文的研究。

什么是氘？氘是氢的一种非常重要的同位素，也可以称作重氢。氢有三种同位素：氕、氘、氚。氕核只有1个质子，而氘核由1个质子和1个中子组成。中子和质子结合时放出一定的能量，质量有所亏损，这种质量亏损释放的能量称作结合能。因此，氘比氕重1倍还略少一些，少的这些就是结合能。所以，要把氘核打开分成1个中子和1个质子，就必须从外面加入能量。

邓稼先就是从事这项研究的。具体指导他从事这项研究的是另一位导师——贝林凡特教授，他们利用加速器放出的伽马射线来轰击氘核，使之分裂成1个质子和1个中子，从而进一步研究质子和中子间的相互作用及各种关系。

邓稼先以自己的聪明才智和惊人的勤奋，只用了1年零10个月的时间，便取得了令导师德哈尔惊喜的成果——邓稼先提前完成了博士论文《氘核的光致蜕变》并顺利通过答辩，获得了博士学位。

科学巨人 | 邓稼先

邓稼先在普渡大学戴上了方顶博士帽,这天是 1950 年 8 月 20 日。

这一年,邓稼先刚 26 岁。

这一天,杨振宁特地打来电话,向邓稼先表示祝贺,并告诉邓稼先他自己也取得了博士学位,不久将应邀到普林斯顿高

等研究院从事理论物理的研究。

这期间,德哈尔教授怀着欣喜的心情告诉邓稼先,自己准备带他去英国,一同继续对氘核的物理性能进行更加深入的研究。

去英国,同具有高深造诣的导师一起,站在核物理发展的前沿阵地,使用世界一流的科研技术设备,这意味着距离摘取科学桂冠只有一步之遥了。

但是,这个消息并没有使邓稼先惊喜。在获得博士学位后,他想的不是这些,而是想尽快回到祖国,回到他朝思暮想的父母身边,带着自己学到的科学知识,投入祖国的科学事业。

他谢绝了导师的好意,决定即刻动身,回到刚刚诞生的中华人民共和国。

遇阻的回归之路

邓稼先第一次同美国移民局接触就遇到了麻烦。一位官员拒绝了邓稼先的回国申请，同时被拒的中国留学生不在少数。

"要回国，就得起来斗争！"美国一家报社刊登了中国留学生的一封抗议信，严正指出美国当局扣留中国留学生是违反国际惯例的行为。当时担任留美中国科学工作者协会分会干事的邓稼先，勇敢地站在了这场斗争的最前列。

当年，在美国的中国留学生约有 7000 多人，在普渡大学的就有 100 多人。多数学生心系祖国，向往回国。面对美国当局无理扣留中国留学生的行径，他们举行集会进行声讨和揭露。在一次集会上，邓稼先意味深长地说道："古诗讲，'胡马依北风，越鸟巢南枝'。鸟兽尚且如此，何况人乎？目前，在回国的事情上，的确出现了一些麻烦。但是，我们能不能满怀喜悦地踏上祖国的土地，取决于我们自己，最终取决于我们所有的中国人。只要我们齐心协力，坚决斗争，就不会有闯不过去的难关。"

邓稼先的讲演，博得了与会留学生的热烈掌声。

中国留美学生的呼声，不仅震动了美国，也传回了大洋彼岸的祖国。中国政府通过外交途径，对中国留学生开展了援救。

1950年8月29日，邓稼先终于如愿以偿，与100多名中国学者一起，登上了"威尔逊总统号"邮轮，启程回国了。

那一天，码头的气氛非常紧张，钱学森教授一家人在海关被拦阻、行李被扣的事件，在留学生中传开，大家十分气愤，同时也担心自己会发生什么意外。

随着汽笛一声长鸣，"威尔逊总统号"邮轮缓缓地离开了码头，驶出了港湾。学者们遥望着美国海关大楼上那一扇扇幽深的窗口，长长地舒了一口气，大家庆幸自己离开了美国国土，获得了自由。

然而，年轻的学子们此时还没有意识到，他们并没有真正离开美国的国土。因为，这艘邮轮依然是美国移动的国土。在这艘船上，不可能有真正的自由。

"威尔逊总统号"邮轮航行在碧波浩荡的太平洋海域中。

此刻，邓稼先与父亲的好友、清华大学著名教授赵忠尧一起站在甲板上，凝视着大海，任凭海风吹拂。大海变幻莫测，时而波涛汹涌，时而风平浪静。"威尔逊总统号"邮轮，载着中华人民共和国成立以后第一批回归祖国的海外莘莘学子。赵忠尧教授怀着愤怒的心情，向邓稼先讲述着美国当局阻挠钱学森回归祖国的经过。

"钱学森在美国师从冯·卡门教授。冯·卡门是享誉世界的空气动力学家,被誉为'超声速时代之父'。钱学森与冯·卡门以及实验室的科学家们一起,设计制造出美国最初的火箭和导弹。美国海军次长丹·金博尔称'我宁可把这个家伙枪毙了,也不让他离开美国到中国去'。因为钱学森'无论在哪里,都抵得上5个师'。"

"那是因为金博尔意识到了,社会主义的中国一旦插上科学的翅膀,将会增添能与美国相抗衡的力量!"邓稼先说道。

赵忠尧赞同地点点头。他们心有余悸,因为邮轮毕竟离岸不久,远远望去,美国海关大楼那幽深的窗口,似乎还在对他们虎视眈眈。

这时,甲板上的人越聚越多,人们七嘴八舌地谈论着美国,谈论美国移民局的斑斑劣迹。

"威尔逊总统号"邮轮在海上行驶了10天后,停泊在日本横滨海岛。赵忠尧兴奋地说:"我们快要到家了,我们可以平安回国了。"可是,就在这时,几个驻日美军登上邮轮,进入船长室,随后赵忠尧教授被带进了船长室。当邮船将要启航时,驻日美军又将赵忠尧教授带上岸去。这是邓稼先目睹到的一幕,也是触目惊心的一幕。这一幕,让他更加深刻地体会到,弱国子民根本无法左右自己的命运,只有国家强大,她的国民在世界上才能有尊严,才能不受人欺侮。

1950年9月18日,"威尔逊总统号"邮轮驶抵香港。学者们分批乘坐小木船划到广州集合。就这样,100多名中国学子,经过诸多曲折,终于踏上了故乡的土地,回到了祖国的怀抱。

第三章 | 走向秘密旅程
归国的"娃娃博士"

中华人民共和国成立一周年庆典前夕,邓稼先终于回到了北京。

秋季的北京,天高气爽,果红菊黄。他欣喜地看到,时代变了,祖国的面貌变了。从南方到北方,祖国大地到处花团锦簇,铺展成欣欣向荣的画卷。

邓稼先如同一只候鸟,飞去又来。他怀着激动的心情,敲开了邓家宅院的大门。

邓以蛰居住的宅院,掩映在翠竹和绿树之中。门口正上方,悬挂着那块书有"松风水月"4个大字的匾额。邓稼先脱口轻声一读,便觉得一股亲切感涌上心头。

邓稼先跨进门槛高声叫着:"爸爸,妈妈,你们的儿子回来了!"

书房里应声走出了他的亲人们。邓稼先放下手中的行李,弯下身,向父母亲深深鞠了一躬。

邓稼先见父亲挺着高大的身板,比他出国时硬朗、健康了。母亲红光满面,大姐、二姐则笑逐颜开。这一天,邓家宅院沉浸在团聚的幸福和欢乐之中。

回到北京，邓稼先迫不及待地要去参观举行开国大典的天安门。

次日一大早，邓稼先和大姐、二姐一起，每人骑了一辆自行车，急匆匆赶赴天安门广场。

此时的北京，虽是百废待兴，但已是万紫千红、花团锦簇。天安门广场比往年更加开阔，早已不是邓稼先留学之前的破败景象。天安门城楼已被红色油漆粉饰一新，金碧辉煌。国庆前夕，园林工人正在抓紧时间摆放盆花、绿植，美化广场。

此时此刻，站立在雄伟的天安门广场上，凝视着那高高飘扬的五星红旗，凝视着那巍峨的天安门城楼，邓稼先感觉庄严而神圣。他觉得那高高飘扬着的五星红旗，似乎是一种象征：解放了的祖国蒸蒸日上，一个繁荣昌盛的崭新中国，就要在东方的地平线上站起来了！他自豪地感到，世界上最美好的风光就在祖国，就在祖国的首都北京！

26岁的邓稼先，圆圆的脸，溢满笑意的大眼睛，显得那样纯真、可爱，看上去似乎比他的实际年龄小得多。于是，老一辈科学家们都亲切地称他为"娃娃博士"。他被安排在中国科学院工作，与著名科学家钱三强、彭桓武、王淦昌一起筹备创建中国科学院近代物理研究所（后改称为原子能研究所）。

人们发现,这位"娃娃博士",心地单纯善良,整天无忧无虑,走到哪里,就把欢笑和歌声带到哪里。可是,在工作中,他却十分严肃认真,一丝不苟。他的学识、才智和组织能力,远远超过了同龄人。正是由于邓稼先在创建近代物理研究所的工作中显露出来的多方面的才华和能力,一个具有时代意义的历史重担,后来才落在了他的肩头。

这个研究所一开始设在东黄城根,不久便搬到了北京西郊的中关村。邓稼先在彭桓武教授的领导下,从事原子核理论研究,担任副研究员。

彭桓武早年留学英国,曾随著名物理学家玻恩一起工作,先后获得哲学博士和科学博士两个学位。1945年,彭桓武与玻恩共同获得爱丁堡皇家学会的麦克杜加尔-布列兹班奖,后于1948年当选为爱尔兰皇家科学院院士。他是一位在物理学方面造诣很深的科学家。

中华人民共和国刚刚诞生不久,核物理科研领域还是一片空白。彭桓武教授带领邓稼先等青年人,在这片空白领域辛勤地耕耘。他们的起步虽然很艰辛,但却是极为有意义的。他们充满了信心和进取精神,因而在不长的时间里,他们便取得了丰厚的科研成果。邓稼先分别与何祚庥、徐建铭、于敏等人合作,于1951—1958年，在《物理学报》上相继发表了《β-中微子角关联、β-γ角关联和β-能谱因子》《辐射损失对加速器中自由振动的影响》《轻原子核的变形》等论文。这些科研成果，在我国核物理事业中具有开拓性质，填补了我国核物理研究的空白。

1954年，邓稼先被钱三强点名选去兼任中国科学院数理化学部的副学术秘书，协助钱三强工作。这项工作虽然属于学术工作，但是也需要与不同性格、不同经历的科学家打交道。邓稼先宽厚而善良的性格，积极、认真的工作态度帮助了他，使他能够与诸多科学家融洽相处，从而获得了大家的普遍称赞。

"娃娃博士"的终身大事

转眼间,邓稼先已经回国工作3年多了。他全身心地投入科研事业,无暇顾及其他。母亲王淑蠲再也忍不住了,一天,她催促儿子说:"稼先,眼看你就到而立之年了,你自己的终身大事也该张罗了。"

"妈妈,不急嘛,我的工作实在太忙啊!"

"工作再忙,也要成家啊!"

"妈妈说得对,我想着这件事就是了。"

"这可是终身大事!"

"对,妈妈说得对,是终身大事,所以得慢慢来。"邓稼先微笑着回答母亲。他是个孝子。虽然他不把话说得那么肯定,但他心里明白,婚姻大事不能总让父母着急,是时候了,该行动了。说来也很有意思。"这件事"他不考虑的时候,感到很遥远;一旦当成大事去办,又很快就解决了——就在1953年,邓稼先29岁的时候,他和许鹿希女士成婚了。

许鹿希是五四运动中著名学生领袖许德珩的长女,比邓稼先小4岁。她毕业于北京医学院(现北京大学医学部),专长是神经解剖学。许家和邓家是世交,邓以蛰每每提起许德珩的经历总是如数家珍,对许德珩的敬重之情溢于言表。当年邓以蛰与许德珩同是北京大学教授,两家交往甚密,邓稼先与许鹿希可说是青梅竹马,经人介绍,他俩很快便成婚了。

介绍人和主婚人是当时的中国科学院副院长吴有训。在吴有训的安排下,这对新人把分到的在中关村中国科学院宿舍楼里的一间房作为新房。院里为他们配备了两张硬板床、一张旧写字台、一把木椅。室内除了新做的被褥和简单的用品外,再也没有什么婚礼用品。然而,从室外投进来的一束阳光,将他们的新房照得亮堂堂的。

当邓稼先和许鹿希第一次走进他们的"新房"时,邓稼先调皮地说:"希希,我们俩从今以后,就在这中关村安营扎寨了。"

许鹿希微笑而腼腆地向他点点头。两位新人紧紧地拥抱着。

他们二人没有那种花前月下的缠绵细语,却有着真挚而热烈的爱。婚后,许鹿希每天乘坐公共汽车上下班。每到晚间,邓稼先下班后,总是骑着自行车赶到车站接许鹿希,风雨无阻。邓稼先曾对友人说:"二人相爱,无以言叙。可叙之爱是有限度的,言明之爱是虚伪的。"这就是邓稼先对爱情的理解与诠释。

邓稼先与许鹿希的爱情是炽热的,是真诚的,没有那种"痴"和"疯",没有当年许多年轻人的那种"风风火火"。

科学巨人 | 邓稼先
中国科学家的榜样故事

他们之间的爱更多地表现为深沉的默契，因为他俩的性格都是非常沉静的。邓稼先婚后常说，伴侣者，伴旅也，就是在人生的旅途中相依相伴。因此，在与伴侣相处时，不能太自以为是，不能以挑剔的目光审视伴侣，不能一味要求伴侣适应自己，或者是要求对方进入自己的状态；相反，要尽可能地包容对方，适应对方。人生的旅途难免有颠簸，倘若两个人相互关怀，相互照料，互相扶持，

就显得平稳得多。有时,一个笑容,一句问候,看似平常,往往能带给对方难以言表的温暖。

人们都说,邓稼先和许鹿希的结合,是一个美丽的故事。他们是一对幸福的伴侣,他们共同创建了一个美好的家庭。

1954年10月,他们有了一个女儿,乳名叫作典典。典典的到来给这个小家庭带来了更多的幸福和欢乐。第二年春天,杨柳吐翠、桃李绽放之时,6个多月的典典变得更加活泼可爱。典典越长越像爸爸,白皙红润的脸蛋儿,一副俊俏、聪颖的模样。看着可爱的女儿,邓稼先心中充满了初为人父的喜悦,他与许鹿希拥抱着典典,享受着人世间的天伦之乐。

1956年11月,他们又有了一个儿子,乳名叫平平。两个小家伙的先后到来,给他们添了忙碌,也带来了欢欣。邓稼先最开心的是,他下班回到家里,迈进门槛时,典典总是跑过来一头扎进他的怀里。嫩嫩的一双小手,在他那有胡茬儿的脸上蹭呀蹭呀,一声接着一声地叫:"胖爸爸,好爸爸!"

探寻秘密的原子世界

中国渴望重振大国雄风，人民渴望挺直腰板。在 20 世纪中叶中国人民终于有了一个强有力的政权，他们的领袖人物充满自信，中国有望跻身世界强国之列。

为了改变国家科学技术的落后状况，中国与苏联进行了长达 35 天的谈判，于 1957 年 10 月 15 日签署了苏方在新技术方面的援华协议，这就是闻名于世的《中苏国防新技术协定》。

1958 年初，当时的第二机械工业部（简称二机部，后改名为核工业部）的领导找到副部长钱三强，他告诉钱三强发展核武器，现在的关键是缺乏核物理研究人才。他请钱三强推荐人才，把这些人才集中在一起，先攻下原子弹。在钱三强开出的第一批核人才名单中，邓稼先被列入了"首发"阵容。

那是 1958 年仲夏，邓稼先急匆匆地走在去二机部的路上。他似乎预感到有什么重大的事情将要发生，不然副部长的电话为什么催得那样急？此时的邓稼先既兴奋，又有些忐忑不安。

副部长办公室里，钱三强坐在一张写字台后的藤椅上，邓稼先就坐在他的对面，两个人开始了一次具有历史意义的对话。

邓稼先："钱部长，找我有事吗？"

钱三强:"小邓,我们要放一个'大炮仗',调你去做这项工作,怎样?"

"'大炮仗'?"聪颖过人的邓稼先迅即明白了他的意思,但是面对这突然降临的艰巨任务,他不免惶恐不安。

他嗫嚅道:"钱部长,你看我行吗?"

"当然不是你一个人,而是许多人。不过,你的工作十分重要而光荣。这是组织的决定。"

"我的任务是什么?"

"你近期的任务是向苏联来华的专家学习,搞懂即将从苏联运来的那颗教学模型弹。还有从莫斯科运来的一车皮的资料,你带人去翻译。"

邓稼先沉默了。钱三强用信任的眼神望着面前这张还带着几分稚气的"娃娃脸"。邓稼先的确还很年轻,也许正因为他与其他专家相比具有年龄上的优势,才被选中了。这可能是战略上的考虑,因为他刚过 34 岁,六七年之后,他也才 40 岁左右。当然,这样重大的任务落在邓稼先的肩头,不单是因为年龄因素。邓稼先在政治上的坚定和专业上取得的可喜成果,使得组织在做出选择时,首先想到了他。

钱三强从邓稼先的脸上读到了刚毅和坚定,听到了他最想听到的回答。

1955年1月15日,毛泽东主席主持召开中共中央书记处扩大会议,讨论发展原子能的问题。钱三强列席了这次会议。

这次会议决定中国要发展原子能事业。在这次有着重大历史意义的会议之后,钱三强便带领一批高科技人才展开了研制原子弹的工作。邓稼先就是这支原子弹研究队伍中的优秀人才,钱三强把邓稼先引向了核物理科学的最前沿。正是钱三强的推荐,让邓稼先的命运发生了根本性的转折,使得他隐姓埋名于原子世界长达28年。

早在1949年,国家根据钱三强的建议,批给他一笔专款,让他在去巴黎出席第一次世界保卫和平大会时设法购买一些供核研究用的仪器设备。后来,这次大会因故改为在巴黎和布拉格同时举行。钱三强托朋友把这笔外汇的一部分带给导师约里奥-居里教授。在约里奥-居里教授的帮助下,由当时在法国的化学家杨承宗购置了一些器材和图书带回国。

当年,年轻的共和国百废待兴,在财政极其困难的情况下,能拨出这么一笔外汇去购买核研究的设备,足见共和国开国元勋们的远见卓识。开国元勋们想到了,以这笔外汇为资本,便可兴起一个未来能创建千万颗"小太阳"的伟大工程,自然也能为中国确立世界军事大国的自信与尊严。

那是1958年盛夏的一天,邓稼先回家比平时晚了些。他进门时,典典与平平正在玩耍,姐弟俩争先恐后地拥入爸爸的怀抱。许鹿希随口问了一句:"今天怎么回家晚了?"邓稼先只是点了点头,没回答,继续和两个孩子玩。

夜里,邓稼先与许鹿希肩挨肩地躺在床上。照习惯,不多时,他就该发出鼾声了。可是,这天他却辗转反侧,久久未能入睡。

许鹿希有些担心地问:"稼先,你今天是怎么了?"

"没什么,我要调动一下工作。"

"去什么地方?"

"不知道。"

"去干什么?"

"不知道。"

"那你要去多长时间啊?"

"不知道。希希,你不要问了。"

聪明的许鹿希隐约意识到,丈夫要做的事情,肯定是一件保密性极强的事情。他又是一个原则性极强的人。因此,不用再问了。

"希希,你听我说,组织上决定要我去做一件事情,我的生命可能就要献给它。倘若把这件事情做成了,我这一生就会过得非常有意义。为了做好这件事情,即使献出我的生命,也是值得的。只是苦了你们娘儿仨!"

许鹿希还是没有说话。她明白,这件事情一旦组织上定下来,是不能改变的,她绝不能拖丈夫的后腿。她将头紧紧贴在丈夫的胸膛,算是对丈夫的回答。

初秋,邓稼先带领着他亲自挑选的28名大学生,赶赴北京北郊外的一片高粱地,开始了向原子世界的秘密挑战。

"迟到"的原子弹模型

北京市的北郊是一片年年岁岁种高粱的农田。如今,中国的原子武器工程就要从这里起步了——这片高粱地便是中国未来的核武器研究所(代号第九研究所,简称九所,后改称第九研究设计院,简称九院;由于保密的需要,不久便迁往青海省的大漠荒原之中,之后又迁往大西南)。

按照苏联专家的意见,在这片高粱地上要建造一个原子弹教学模型大厅。据说,那颗神秘的原子弹模型很快就要运来,因此工程要加紧进行。

于是,邓稼先带领着这些年轻人和施工队一起,昼夜砍高粱、平地、挖地槽,接下来便是运砖石、沙子、水泥、钢筋,进行建筑施工……存放原子弹教学模型的大厅,很快便建好了。

如果仅仅是对领导负责,对外国专家负责,那绝不是邓稼先。邓稼先对待他的青年伙伴们,平等、友爱和信任。他犹如一块磁石,紧紧地把年轻人吸引到他的周围。白天,他们并肩劳动;夜晚,他是他们的"扫盲"教师。在"扫盲班"上,人们习惯地叫他"大白熊",他也分别给那些年轻人起了绰号,或者说是昵称。对来自湖南、四川、贵州这些"辣椒窝"的人,邓稼先叫他们"红椒""青椒""朝天椒""尖椒"等，另外一些则按其生肖叫"白马""白虎""白鼠""白羊""白兔"……这些昵称听起来好像是开玩笑，实则是每个人的代号。因为他们的姓名和他们从事的事业一样，都属于国家机密。时至今日，很多人的履历仍被锁在档案柜里，不得公开。

1958年岁末，按照协议，苏联派来了一个三人专家顾问组。

当时二机部的领导和钱三强一起去拜访顾问组的组长，想在原子弹模型到达之前，先学习有关的原理和数据。但是，因为原子弹是当时最高级的军事机密，所以这位组长只限钱三强等5个人听课。在听课时做的零零碎碎的记录后来成了极为珍贵的资料，经过邓稼先等人的整理，竟拼凑成了一个数字模型。

冬天已经过去了，但依旧不见苏方送来那个原子弹教学模型。这期间，又有多次说来模型而不来，让邓稼先空手而返。邓稼先并没有因此而懊丧，他依然精心做好一切准备，等待这迟迟不肯露面的模型。

不久，苏方又派来一位援华专家。此人派头十足，满面骄横。他看了大厅周围的环境，又看了看通往这个工地的道路，皱着眉头说道："我们将要给你们运来的原子弹教学模型不是什么普通的仪器设备，是十分娇贵的，你们这样的路面怎么能行？这要把它震坏的！路不修好，模型是不能启运的。"

邓稼先闻风而动，连忙带领年轻人和施工队修整道路。他们把原来的路面掀起，铺上新运来的碎石、夯实、压平，然后铺上沥青，再经过多次碾轧，一条崭新的专用路很快就把市区公路与工地连接起来了。

路修好了，这位专家又发话了："你们的大厅还需要有安全设施。要环绕大厅铺上 2 米宽、50 厘米厚的沙带。"

于是，邓稼先又和工人师傅们一起，挖沟、运沙子、铺沙带。

那位专家有话总是不一块儿说，等沙带铺完了，他又提出了新的要求："大厅周围还要拉铁丝网，这样才能保证模型的安全。"

好，专家说了，那就拉吧。于是铁丝网又很快出现在大厅周围。

"专家还有什么吩咐呢？"邓稼先问道。

专家看了看邓稼先，翻翻眼皮望着天道："你们还有没有高级人才呢？"

邓稼先连忙说："这些大学生都是中国知名大学毕业的。中国各大学的教材，都是参照贵国知名大学教材编写的。"

那位专家耸耸肩膀说，这些人才还不够。于是，他列出了包含 100 多种学科的人才表，其中有学纺织的、学农艺的，还有一批花匠。

邓稼先看了这张表，大感不解地问道："请您赐教，这一批花匠与原子物理科研有何联系？"

这位专家不假思索地反问道："你为什么不提出这样的问题，原子核物理学家要不要在开满鲜花的环境里工作呢？"

接着，这位专家又开出了 25 本必读书目清单。他对邓稼先说，把这些书读懂了，再讨论教学模型问题。他还要学生们到采石场去实习，观看爆破过程。邓稼先表面上很平静，但时时刻刻都想从专家的身上学点什么。每逢与专家见面闲聊，他便拐弯抹角地询问一些与原子相关的问题，诸如爆炸物理学的规律、中子与质子的奥秘……可是，专家早有戒备，总是所答非所问地讲一些风马牛不相及的事。

这位专家挨到 6 月，说北京太热，要回苏联的高加索度假。临走前，他留下了一句话："在原子领域里，你们中国人的大脑还是一片空白。"

苏联专家这句尖刻的话也许并没错。中国人正是为了填补这个空白，才做了许许多多准备工作。可是时间一天天过去了，那颗原子弹教学模型，那一车皮俄文资料，还有那位回国度假的专家，却迟迟不见踪影。不久之后，苏联单方面撕毁了协定，所有援华苏联专家一夜之间全部撤走了。他们带走了全部图纸，迫使 200 多项重大工程中断。

撤走的苏联专家，自然也包括原子弹工程方面的，他们临走时还留下了预言：

> 没有苏联的援助，中国 20 年也造不出原子弹。
> 倘若你们的国家不把我们重新请回来，那么，中国的有关设备将会变成一堆烂铁。

1959 年 6 月，对中国人民来说，是个黑色的年月，也是一个全中国人民永远不能忘记的年月。为了记取这个历史教训，为了激励我们国家的科学家发愤图强，我国将第一颗原子弹的代号定为"596"。

填补原子领域的空白，只能寄希望于我们自己的科学家。由此，我国科学家们开始了向原子领域进发的漫漫征程。

第四章 | 艰辛的原子弹之路
在那灯火辉煌的年代

1960年7月28日,钱三强再一次把邓稼先邀到他的办公室,开门见山地说道:"原子弹的理论设计,要由你领导的那个理论部来承担。"

邓稼先,这位昨日苏式原子弹的仿制者,今天,被选定为中国第一颗原子弹的理论设计负责人。他深深地理解钱副部长交托的任务的重大意义,坚定地点了点头。

当年,有个形象的比喻叫作"龙头的三次方",说的是核武器的研制,龙头在二机部,二机部的龙头又在核武器研究所,核武器研究所的龙头又在理论部,理论部就是这"龙头的三次方"。不抓"龙头",原子弹造不出来。也就是说,要制造原子弹,首先必须拿出理论设计方案来。这就好比要建造一座高楼,首先必须拿出一张图纸来。

制造原子弹的这张图纸该怎样拿出来呢?这时邓稼先面对的是一片荒原,但是,他必须带领年轻人向着这片荒原挺进。邓稼先感到了责任的重大,感到了肩上的压力,也预感到未来路程的艰难。

邓稼先要做的第一件事情,便是与钱三强一起整理一份秘密文件。这份秘密文件就是当时保存下来的那位苏联专家组长的讲课记录。

几个记录本上都是用十分潦草的字记录的极不连贯的话语,有的还是一些代号。画的图则更糟糕,歪歪扭扭,简直让人一头雾水。所以,钱三强与邓稼先整理这份文件就像是破译"天书"。倘若没有扎实的相关学科的科学知识,没有十二分的耐心,恐怕连看都看不明白,更不要说将它们整理出来。不过,钱三强与邓稼先到底像李白破译"蛮书"那样,终于破译了"天书",整理出了一份颇有价值的核数据文件。

钱三强把邓稼先推到核武器研制的前沿阵地以后,依旧在那里扳着手指头聚集人才。不久,他又邀核物理学家王淦昌出山。

王淦昌1930年赴德国柏林大学学习,后获得物理学博士学位,在核物理学方面造诣很深。他非常信任钱三强,二人一拍即合。王淦昌很快也加入了这支神秘的队伍。

与此同时,钱三强又来到清华园的彭桓武教授家。彭桓武早年也毕业于清华大学物理系,后来留学英国,先后获得哲学博士和科学博士两个学位,是当年第一位在英国取得副教授职位的中国人。彭桓武教授在理论物理方面造诣很深,解决实际问题的本领很强。钱三强深知善于联系实际的理论物理学家的

科学巨人 | 邓稼先

重要性，所以他特地登门拜访，请"诸葛出山"。

钱三强就这样以他的远见卓识，先后邀请多位核物理学界的知名学者出山，加入了这支神秘的队伍。此外，还有朱光亚、周光召、陈能宽等一批才学超人的同辈与邓稼先协同攻关。

同时，邓稼先把他的学生们召集到一起，说道："路，只有一条，那就是重新从'原子理论扫盲班'开始，边学边干，边干边学。"

不久，大批留苏学生回国，一批新人加入了邓稼先的队伍，一股新的爱国激情注入了这个群体。另有100多名刚刚迈出校门的大学生，也加入了这个"攻关"行列。队伍日益扩大，"原

第四章 艰辛的原子弹之路

子理论扫盲班"还要继续办下去。

邓稼先既要"攻关"搞运算,又要"扫盲"培育原子新人,其工作量之大,可想而知。然而,正是在这种紧张而忙碌的生活中,他与学生们形成了一种特殊的感情和联结。他待这批年轻人情同手足,生活上无微不至的关怀和学习上的循循善诱,

使他在年轻人中获得了"老母鸡"的绰号。的确，不论他走到哪里，总有一群"小雏鸡"紧紧跟随着他。

邓稼先就这样背负着党和人民的重托，带领着众多的"娃娃"，进入了向原子理论方程进攻的前沿阵地。理论部、实验部、设计部和生产部，被称作原子弹研制的"四匹马"。他们共同承担着让一个伟大民族、一个伟大国度自立自强的艰巨任务，不辞劳苦地在崎岖的道路上奔驰。

开始，他们用数学手段模拟原子装置爆轰的全过程。

从黎明到深夜，这里到处是一片繁忙景象。然而，工作效果却与他们付出的劳动很不相称。那架旧式电动计算机，虽然噼噼啪啪响个不停，但运算速度极低。8个小时计算，8个小时琢磨预案，一个月才能算出一个结果。如今，我国研制的"神威·太湖之光"超级计算机，其峰值性能可达到12.5亿亿次/秒，持续性能为9.3亿亿次/秒。当年他们的那些家当，可能还比不上今天小学生手里拿着玩的卡西欧计算器。

由于设备既少又落后，大家只好拼力气。他们三班倒着上机，做到"人闲机不闲"。就这样，还是跟不上科研进度。邓稼先便和大家一起用计算尺和算盘辅助计算。于是，那幢灰楼的房间里又发出噼噼啪啪的算盘声，几乎是昼夜不停。

随着研究的深入，计算使用过的草稿纸装满了一麻袋又一麻袋，那些麻袋堆满了一个房间又一个房间……

然而，那时正是饥饿的岁月、灾荒的年代。

他们却说，那是火红的岁月，是奋斗、开拓的年代。

食堂的饭碗由大碗变成小碗，根本吃不饱，昔日，砍高粱、盖楼房的年轻人开始浮肿了。他们常常在紧张的运算之后，有气无力地呼唤着："老邓，我们饿，我们好饿呀！"

这时，邓稼先便会连声应着："好的，你们等着，我这就想办法去！"

不一会儿，邓稼先便从街上拎回一包自掏腰包购买的饼干。大家便一窝蜂地围住他，一包饼干霎时就变成了年轻人的腹中之物，而此时引出的往往是更强烈的饥肠辘辘声。

大家最盼望的是突破某一难题，因为此时不仅可以得到精神上的满足，邓稼先还会高兴地招呼说："伙计们，都推车子去！"大家都明白，那就是进城，他请客，撮一顿！这样的举动，给邓稼先带来的是严重的经济危机。再以后，这样的招待，邓稼先就办不到了。但是，每当大家在研究上有所突破时，他总想有所表示。这时，他不再大声招呼大家了，而是悄悄地溜出去，买几个烧饼来交给大家。大家问他："你怎么不吃？"他笑着嘟哝一句："给我留一口就行。"

一天上午，年轻人和专家们共同讨论一个难题，一直到快下午1点了才结束。半小时后就要上班，中午饭还没吃呢！这时，食堂通知大家到餐厅用饭，因为钱三强来了，要食堂给大家改善一下生活。

所谓"改善"，就是每个人有一小盘炒白菜，上面顶着一块手指头那么大的罐头肉。大家一看眼睛就亮了，大声欢呼起来："我们有肉吃了！"

这些事，对今天的年轻人来说，无异于天方夜谭，但这却是千真万确的历史。

邓稼先这位"娃娃博士"所领导的原子弹研发队伍在逐渐扩大，那幢灰楼和后来盖的红楼，都住满了。后来分配来的十几个大学生没有房子住，只好住在郊区农民开的小客栈（实际上是骡马大车店）。

饥饿常来困扰，邓稼先这个"娃娃头儿"又没日没夜地带着年轻人拼，当时的领导李觉心中很不安。他几次下命令，限邓稼先及他带领的那帮年轻人，晚上10点后必须停止运算。这个"娃娃头儿"执行上级的指示原本是很严格的，可这时对执行李觉的命令却打了折扣，多数情况下未能做到。李觉不得不下死命令，命令研究室的党支部书记必须在夜间10点准时关灯、赶人、锁门。可是，这死命令也没有治住这帮年轻人。他们在支部书记锁门时做了手脚，当书记以为大家都走了，安然入睡后，研究室的门又开了，灯又亮了……

后来，这些人回忆当年的情景时，无不自豪地说：那是灯火辉煌的年代！

那是辉煌的年代，也是艰辛的年代。生活的艰辛，登攀的艰辛，一股脑儿地向这个英雄的群体压来。邓稼先带领他的"娃娃兵"冲上去了，挺住了，创造了辉煌。

打开核裂变的大门

邓稼先作为我国第一颗原子弹理论设计团队的领头人，他身先士卒，竭尽全力，向着难点发起勇敢的冲刺。

首先，他要带领一个小组研究高温高压中的核反应，从中探索那些神秘的数据、那个未完成的难题——如何引发核裂变，设备需要什么样的强度？这是邓稼先给自己出的一道最难的课题，一旦突破这个难题，就有望突破原子弹理论设计的大关。他带领年轻人查找资料，跑北京的图书馆，在图书馆一泡就是几天。饿了，啃半个玉米面窝头，喝一杯开水。那些日子里，邓稼先白天要到图书馆查找资料，晚上，又要审理3个班的计算机打印的计算纸带，深夜还要主持讨论会。

邓稼先不分昼夜地苦拼了半年多，当他的攻关梯队进行第九次运算时，其结果依然是首尾两头与苏联专家留下的数据吻合，而中间一段的数据出现了"塌方"。

难道这个"雷区"就真的没办法逾越了吗？

邓稼先问自己，他一直以来的自信似乎开始动摇了——真难啊！此刻，他深深地感到自己缺少的东西实在太多了。可是，他也有富有的一面，那就是他那极强的钻研精神。他再次调动自己周身的理性细胞去一环一环地进行逻辑推理。于是，他的潜能得到了最充分的发掘，有时，一个难题被解开了，往往连他自己都感到惊奇。有时，他感到自己不但做了想象不到的事，而且事情的进展还很迅速。于是，一个又一个新的公式在他的笔下出现了。他的钻研，反过来又给了他极大的满足和乐趣。

这期间，二机部为了加强这个"龙头"部位，给邓稼先选调了7位副主任，和邓稼先这位主任一起号称"八大主任"。周光召就是其中的一位副主任，加上彭桓武、王淦昌等老一辈的理论物理学家的加盟，我国原子弹理论研究核心团队就组成了。

这些理论物理学家各有所长，合作得十分融洽，"龙头"部位的工作，很快向前跨了一大步。

周光召调入核武器研究所时，正值邓稼先率领年轻的大学生们进行核爆炸模拟计算的阶段。周光召目睹了邓稼先与那些年轻人通过艰辛劳动获得珍贵结果的过程，他相信这些结果。于是，他对苏联专家留下的数据产生了怀疑。但是，他非常清楚，要想否定苏联专家留下的数据，必须拿出理论根据来。

周光召用最大功原理，严密论证出即使能量毫无损耗，也绝对达不到苏联专家留下的那个数据水平。这就证实了邓稼先与年轻人一起，9个多月以来用手摇计算机和算盘组成的计算系统算出的数据及模拟爆炸的运算模式是正确的。于是，他用大手一拍邓稼先的肩膀，坚定地说道："小邓，就是它了，你是对的！"

就这样，邓稼先、周光召他们把原子弹的设计轮廓勾画出来了。他们在爆轰物理、流体力学、状态方程、中子输运方面都取得了决定性的进展。

这真是奇迹啊！奇迹中的奇迹！中国第一颗原子弹理论设计方案按预定计划诞生了。邓稼先在这份历史性的文件上，郑重地签署了自己的名字。

随后，中国第一颗原子弹的爆轰冷试验在长城脚下开始了！

何谓冷试验？顾名思义，冷是相对热而言的。冷试验即热核爆以前的试验。冷试验的目的在于试验热核裂变的引爆系统。

人们都知道，点燃鞭炮需要的是明火，引爆一枚炸弹需要雷管，倘若没有明火与雷管，就无法使鞭炮和炸弹炸响。那么点燃一枚原子弹需要的是什么呢？需要的是足够数量的中子。倘若没有足够数量的中子，原子弹即使被造出来，也只能是个哑弹。中子则来源于常规炸药的引爆。

1963年年末，北国大地冰封雪盖。冷试验的指挥部就设在白雪皑皑的长城脚下的一个山洞中。

性格原本非常柔和、文静的邓稼先,这一天变得风风火火。他在长城脚下跑来跑去,组织指挥这项试验。

邓稼先和工程技术人员一起,闻着刺鼻的火药气味,在山洞里操作。他们非常清楚,拌药桶里冒出的粉尘和蒸气,对身体有极大伤害。但是,邓稼先总是亲临现场,检查质量。有时,他甚至还偷偷拿走搅拌棒去拌药。他的行动没能骗过李觉的眼睛。李觉走过去,没收了他的搅拌棒,说道:"小邓呀,这太危险了。你的岗位不在这里。"

实际上,在山洞里研制点火源,没有什么绝对安全的地方。他们就像居里夫妇研究镭元素那样,时时都处在危险之中。但是,他们毫无怨言,没有一个人退缩……

应该说,原子弹的原理对邓稼先来说,毫无秘密可言。然而原子弹的全部构造、实现裂变的具体装置,对邓稼先来说,却是一个秘密的黑暗王国。于无声处,却隐匿着惊雷;于平静处,却隐匿着魔鬼,而这个魔鬼轻而易举便可吞噬人的生命。当美国核物理学家执行"曼哈顿"计划时,洛斯阿拉莫斯核试验场的核专家爱德华·泰勒对原子弹的基本结构曾做过明确阐述:平时原子弹中的核炸药要分开,每块均不能大于临界质量,只有在需要它爆炸时，才能把它们合在一起。例如把核炸药分成两个半球时，每个半球的质量都应小于临界质量。当它们合起来大于临界质量时，就会发生链式反应而爆炸。

但是，这个临界点的细节和数据却是拥有核武器的国家的最高机密。邓稼先知道，美国核物理学家哈里·达格尼安在一次冷试验中，就因拨弄可裂变物质引起了链式反应，在不过几分之一秒的瞬间，射线便穿透他的皮肤和内脏，他很快就痛苦地离开了人世。另一位核物理学家路易斯·斯特洛金在一次试验中，当他力图使两个半球在一根金属棒上接近时，不慎让一个半球突然朝另一个半球滑了过去，试验室里闪起一片幽幽蓝光。他迅即拉开了两个半球，使其中断链式反应，但还是被夺去了生命。

邓稼先深深懂得在这条探索之路上人类所付出的代价。如今，在险象环生的长城脚下，邓稼先却显得那么沉着冷静，那么义无反顾，为祖国、为人民迈出了求索的坚定脚步。

邓稼先和他所领导的那个群体，是一个大无畏的科技群体，是一个忘我的英雄群体。邓稼先就是这个优秀群体的带头人。

实施具体爆轰试验的这一天，邓稼先亲自指挥着一位工程师把电缆铆头接好。由于心情紧张，工程师的手直打哆嗦。这时,天气很坏,刺骨的山风怒吼着向洞口扑来。邓稼先解开自己军大衣的纽扣,两手撑开两扇衣襟,为操作的工程师挡风,也为他壮胆。铆头接好,接下来便是插雷管,这又是一个危险性极大的操作。邓稼先依然站在那里,为具体操作的工程师挡风、壮胆。

有关测试的仪表一个一个地接好了。

在尖锐的警报声中,人们撤离现场。

"起爆!"

随着邓稼先发出的指令,一声轰鸣从长城脚下的山洞中传出。

这是一次非常关键的冷试验。它证实,按照邓稼先他们的理论方案设计的引爆系统,可以产生足够数量的中子。

核裂变的大门,终于被他们打开了。

被洞悉的秘密

　　冷试验进行之后，九所开始逐步远迁到青海湖畔。这就意味着，邓稼先率领的这支高科技队伍将要西出阳关，向荒凉的大西北挺进了。

　　动员会后，邓稼先连忙奔往朗润园，向双亲辞别。这一天，邓稼先回到朗润园，没有带妻子儿女。他忍住眼中的泪水，用低沉的声音告诉父母，他要出一趟远门。母亲问他，去哪里？他摇摇头，说不知道。母亲又问他，去多久？他摇摇头，依然说不知道。

　　对此，通情达理的父母亲是可以理解的。但是，儿子毕竟是自己的心头肉啊！母亲关切地说："你不能换个新课题研究吗？瞧你，为那个氢呀氖呀的，弄得连家都回不来，把人也折腾呆了、瘦了。看你这个样子，真让妈妈心痛啊！"

　　他咽下泪水，强作欢颜，笑着对母亲说："妈妈，我早就改换研究题目了。只是因为工作太忙，不能常来陪陪妈妈和爸爸呀！"

　　说到这里，他站起身来，依依不舍地告别了父亲和母亲，不停地安慰二老，说他有机会一定回北京看望他们。可是，想不到，这差一点儿成为他与母亲最后一次见面！

从此，邓稼先真的隐没了。妻子不知道他干什么去了，父母亲也不知道他干什么去了，所有的亲朋好友都不知道他干什么去了。

此时，他正在祖国大西北的青海湖畔，在草原某地的核武器研究基地，继续他的原子弹理论设计。

这个核研究基地，海拔3200多米，年平均气温零下4摄氏度，高寒缺氧，自然条件非常恶劣。这里的冬季是最难熬的，时间长、风雪多、气温低，在室内工作也要穿厚厚的棉衣。夜晚，很多年轻人最害怕钻冰凉的被窝儿，早上起床，头发和枕头往往因为夜晚从被窝儿里冒出来的热气遇冷后结冰被冻在一起。

国家把核武器研究基地设在这里，有两个好处，一是保密，二是排除外界干扰。因为，这个高原地带的"原子城"几乎与世隔绝了。

经过邓稼先和所有科研人员不懈的拼搏，他们在青海高原造出了一个原子弹试验模型。

此时，中国第一颗原子弹的研制，在西北基地形成了总攻态势。

为验证已经完成的理论设计和一系列研究成果，1963年

11月20日，邓稼先带领团队在青海高原进行了缩小比例的聚合爆炸试验，使得理论设计和一系列研究成果获得了综合验证。这颗原子弹试验模型，在冰雪高原发出威猛的声响，这代表由邓稼先签署的那个原子弹总体计划获得了原理性试验的成功，从而揭开了中国核试验的序幕。

中国核大军正在朝着自己的既定目标，迅速前进着。

1964年4月11日下午，周恩来总理亲自主持召开了会议，决定在9月10日前，做好试验前的一切准备，做到"一丝不苟，保响、保测、保安全，一次成功"。试验日期待中央政治局常务委员会研究确定。就这样，我国第一颗原子弹试验的准备工作全面展开了。

1964年5月，中国第一颗原子弹在青海高原总装成功。2个月后，"原子城"的科研人员陆续向着新疆罗布泊试验场集结。

罗布泊的马兰，原是核试验基地初创时期的一个生活点，本不起眼，但它日益繁荣，生机盎然地活跃在戈壁滩上，如今已成为一个小城镇。

而当时，科研人员们要在这个设在大漠深处的试验基地扎根，要经过"风""热""水"的三重考验。

先说"风"，春季的大漠狂风异常猛烈，直刮得沙石漫天飞。汽车在戈壁滩上行驶,倘若狂风迎头袭来,沙砾会把车身上的油漆打得脱落,露出白色铁板;倘若狂风从车尾刮来,汽车会被推着向前跑,使驾驶员难以控制;倘若狂风从汽车侧面吹来,汽车就可能被掀翻在地。这就是核物理学家面临的第一重考验。

再说"热",每到夏天,这里便成为唐僧取经途中的火焰山,有些地方地表温度高达五六十摄氏度。倘若把温度计拿到室外,水银柱便会一下子上升到顶点。

在炎热的中午,连警犬都不敢外出。一出屋,警犬就会被滚热的沙石烫得四脚乱蹦、嗷嗷狂叫。这样的酷暑,就是对核物理学家的第二重考验。

第三重考验,便是奇缺的水,在这里走上百八十里路也难以找到一汪水。好不容易弄到一盆水,用处可多呢,先是用来蒸馒头,蒸完馒头大家早晨用来轮流洗脸,晚间用来轮流洗脚,洗完脚再用来和泥建造物理学家们栖身的"干打垒"宿舍。

我国的这支核物理学家团队,就是在这样恶劣的环境中向研制核武器的难题发起挑战的。邓稼先在这样恶劣的环境中,不知度过了多少个不眠之夜。

这天,邓稼先漫步在马兰街头,只见众多的科研人员正为迎接我国第一颗"小太阳"的升起而紧张地忙碌着。新修的公路上,一辆辆运送试验器材设备的汽车穿梭奔驰;场地上,科研人员正在对卸下来的器材设备进行认真检查、测试;各个部门的领导干部也到场区现场办公、处理问题。昔日寂静的戈壁滩,如今变得热闹非凡。

这一切,都给了邓稼先更大的勇气和信心。他始终牢记敬爱的周总理的谆谆教导:严肃认真,周到细致,稳妥可靠,万无一失。

这16个字使邓稼先备受鼓舞,也警示他,在试验的各个环节上不能有丝毫的差错。

上级还希望邓稼先和他领导的科研团队把工作做周到,对于每一个环节都要注意保密。然而,中国的核试验已无密可保了。因为美国的卫星已经清清楚楚地窥视到了荒漠中那些用于测验爆炸效应的建筑构成的"长街",窥视到了耸立在荒漠"长街"上的那座高高的塔架。这意味着中国即将爆炸第一颗原子弹。

美国国防部和联邦调查局迅速将这份紧急情报呈送总统和参谋长联席会议。

这份情报的大意为:

> 一列神秘的车队沿着戒备森严的公路,朝核试验场开去。千百顶军用帐篷像是雨后的蘑菇,一簇簇、一片片钻出地面。测试原子弹爆炸效应的一排排坦克、榴弹炮、卡车排成了长蛇阵。各种碉堡出现在沙丘之上。高楼、砖屋以及各种建筑物在大戈壁构成了一条长街。
>
> 在那条沙漠长街中央,耸立着一座高高的钢骨塔架,电焊的弧光在高空闪烁着一串串蓝色的火花……
>
> 所有上述迹象都表明中国即将爆炸第一颗原子弹。

中国要爆炸第一颗原子弹的消息,也传到了全世界战略分析家那里。于是,这些谙于战略分析的专家和学者们不得不重新评判世界战略态势即将产生的一系列重大变化。

事实再一次证明,国际上任何政治的、经济的、军事的较量,其实质都是实力的较量。

罗布泊上空的蘑菇云

1964年初秋,一顶顶绿色帐篷将已经沉睡千年的罗布泊点缀得生机盎然;一批又一批的仪器和仪表被安装在以爆心为圆心、与其距离各不相同的地方;一条又一条粗长的电缆将爆心与各个控制站连为一体。指挥所设在孔雀河畔,沿着孔雀河岸临时搭起了一排排帐篷。邓稼先作为核试验委员会的成员虽然宿在孔雀河畔,但他的工作岗位却在距爆心不远的地方。

此刻,一些国家的侦察卫星、地震监测仪、海浪监测仪、探空气球等,一律被调校到最高灵敏度,随时准备接收来自中国西部非同寻常的震动,而本书的主人公邓稼先正置身于所有这些设备瞄准的中心地带。

10月14日,我国第一颗重3吨的原子弹被吊升到位于爆心的铁塔顶端。

试爆第一颗原子弹的铁塔,高达102米,采用无缝钢管结构,包含8600多个零部件。塔顶设置了一间金属结构的小屋,我国的第一颗原子弹此时正静静地躺在里面,等待着自己施展威力的时刻。

3000多台监测、监控仪器与诸多效应物围绕着爆心各就各位。

马兰机场，14架担负取样和剂量侦察任务的飞机，经过严格的穿云破雾训练，已经做好了一切准备。

雷达系统对几千平方千米的禁区实行了周密而严格的空中警戒。

1964年10月16日凌晨2时，核试验委员会结束了最后一次"零时"（起爆时刻的别称）前会议。会上决定，16日上午，由工程师登塔完成原子弹引爆装置的最后安装，而后撤出爆心危险区。为使安装工程无后顾之忧，特别指定基地司令员张蕴钰及九院院长李觉、邓稼先等陪同安装人员完成这项工作，并最后撤离爆心危险区。

16日清晨，高擎着原子弹的铁塔周围万籁俱寂。各部队、各参试单位均已撤至安全地带。罗布泊第一次呈现出大战前的宁静。呼啸的朔风呜呜地刮过飞机、坦克、大炮等效应物阵地。到这时，在爆心周围仅有铁塔下一个警卫班的战士没有撤出。

安装引爆装置的小分队在主控中心外待命。张蕴钰最后一个走出坚固的控制中心站的机房。他转过身平静地锁上门，望了望门旁的警卫班长，说："这座机房在我离开之后，不准有任何人进去，必须由我回来开门，明白吗？"

"是，必须等司令员回来亲自开门。"两个警卫同声回答。

张蕴钰走到小分队的车旁，对李觉和邓稼先说："我们可以进去了。"然后他庄严地对小分队的同志们说："我们马上出发，这是去完成中国第一颗原子弹引爆装置的最后安装工作。我要求每一位同志，沉着、冷静、仔细、认真地完成自己的工作。你们已经看到，控制中心站实行了警卫戒严，机房的全部钥匙，包括操作台的钥匙都在我衣袋里装着，你们放心工作。"

原来情绪紧张的工程师这时露出了笑容。

1964年10月16日6时30分，工程师们登上铁塔，到达了铁塔上的爆室。此时东方已经破晓，戈壁荒原披上了金灿灿的曙光。深秋的晨风带来阵阵寒意，面对这个3吨重的"铁西瓜"，面对手中沉甸甸的雷管，每个人心中都难免有些紧张。

"不要慌，慢慢来！"

塔下传来邓稼先的呼唤声。

时针指向了10时，插接雷管的操作结束了。负责导通工作的赵维晋长长地舒了一口气，揉了揉由于紧张而十分疲惫的眼睛。他走下塔梯，和邓稼先紧紧握手。

一直守候在现场的张蕴钰和李觉在操作规程表上各自签了字。

李觉问:"通电了?"

赵维晋回答说:"通了。"

气氛凝重而严肃。

"撤吧?"李觉问张蕴钰。

"撤!"张蕴钰说。

张蕴钰对李觉说:"这张签了字的规程表应存入档案。"说完,他最后扫视了铁塔上那颗原子弹一眼,说道:"撤!"

于是,他们分头坐进两辆吉普车,连同在塔下站岗的战士们,一同撤离爆心地带。

吉普车开出几百米后,张蕴钰又让车子停下来,他探出头再次看了看大漠中的那条"长街"……

11时许,撤退得空无一人的大漠"长街",显得沉寂空旷。各种仪器待命启动。试验场区像是一艘静泊港湾的航船,随时准备起锚远航。

时针指向了下午 2 点 50 分,离核试验起爆时间只差 10 分钟。此时的邓稼先戴着一副防护眼镜,站在地下指挥所门口,急切地眺望着应该准时出现在西斜的太阳下的最后一辆军用吉普车的影子——那是拆除原子弹最后一级保险的刘工程师乘坐的吉普车,它归来的时间是经过精细计算的,因此那是一个非常重要的信号。

整个核试验场的工作人员,都在各自的岗位上凝神屏息,等待着那辆吉普车归来。

嘀嗒,嘀嗒……

手表秒针微弱的走动声在寂静的沙漠里好像变成了深山古刹中悠长的钟声,叩击着邓稼先的心扉。

噢!一个小黑点出现在大漠的地平线上,邓稼先终于看清楚那是一辆卷着黄沙飞驰而来的军用吉普车。

邓稼先和几位将军一同回到地下指挥所,穿过令人眼花缭乱的仪表群,在指挥席上落座。

这时,大漠上空的太阳,似乎也在天际驻足,静静地等待着将要在瞬间与它争辉的人造"小太阳"。

突然,地下指挥所里的警报器响了,尖厉的声音掠过试验场上空。高音喇叭里传来了倒计时的声音:"10、9、8、7、6、5、4、3、2、1。"

"起爆!"

顿时,铁塔顶部被火光笼罩,一颗猩红色的硕大火球冉冉升起,气浪奔涌,变幻翻卷,直冲云天。

几秒后,茫茫戈壁上空升起了一颗奇特的"太阳",千倍于太阳的强光照耀着大漠。接着,便是一阵闷雷般的巨响,这惊雷滚过了千年大漠荒原,撼动了广袤的寰宇。

又是几秒之后,那连天的大漠又一次震动了,托出了一团鲜活的蘑菇状云团,那燃烧的云团翻腾着,舒卷着,扩散着……

巨大的铁塔倒下了,永久的丰碑耸立起来了。

作为效应物的坚固建筑着火了,坦克、装甲车、火炮被气浪冲走了,列车被掀翻了、熔化了,大漠的沙石变成了五颜六色的玻璃体……这一切都是在几秒之内发生的。

这是毁灭,也是新生。

这是军事实力的象征,也是最有力的和平宣言。

邓稼先和他的战友们,像一股奔腾的潮水,争先涌出地下指挥所。

就在蘑菇云冉冉升腾的时候,人群沸腾了。人们兴奋地欢呼,疯狂地跳跃,帽子、衣物飞上了天空。他们紧紧地拥抱着,彼此祝贺着——6年啊,6年的心血,此刻全部融进这一团火球之中了……

这一夜,全中国人民像是过了一次狂欢节,到处是沸腾的人潮,到处是欢呼的海洋。《人民日报》的套红"号外",一再加印,依然不能满足人们的需求。

第四章 艰辛的原子弹之路

世界各国的通讯社、电台、报纸,将这一特大新闻传遍了世界各个角落,惊呼中国诞生了"原子巨人",赞颂这一喜讯象征着亚洲的崛起,赞扬中国的这次突破给世界和平带来了曙光。

谁又能想到,阻止人类战争脚步的,竟然是邓稼先这样一群文静而年轻的核科学家!

第五章 | 超越的氢弹之路
新的征程

在第一颗原子弹刚刚爆炸成功后不久，邓稼先得知了自己母亲病危的消息。

邓稼先乘坐的乌鲁木齐到北京的航班，在北京西苑机场降落。邓稼先满怀焦虑地走下舷梯，一眼就看到了妻子许鹿希。妻子没有多说，立即把他拉上附近的一部车子。

小车直接开进医院。邓稼先的母亲已在弥留之际，她在苦苦地等待着昼夜思念的爱子稼先啊！

妈妈的面容是那样清癯、消瘦。她听到了邓稼先的呼唤，吃力地睁开眼睛，嘴角微微颤动了一下，伸出一只手，把邓稼先的手紧紧抓住，唯恐他再次离去。

妈妈的手已经瘦得皮包骨头，而且肌肤冰凉。邓稼先赶紧用自己的那双大手握紧妈妈的手，为妈妈温暖着那只干瘦冰凉的手。

片刻，妈妈把手抽出，哆哆嗦嗦地从枕下摸出了那张套红"号外"，用颤抖的声音问道："稼儿，能告诉我吗？"

邓稼先跪在病榻前，再一次紧紧握住妈妈那双冰凉的手，哽咽着回答说："是的，妈妈，我们成功了！"

"稼儿，怎么不早对妈妈说？"

"妈妈！"邓稼先伏在床边痛哭起来。

妈妈用手抚摩着邓稼先的头，微笑着合上了双眼。她得到了最大的满足，睡去了。

邓稼先伏在妈妈的床边，竟然也呼呼地睡着了。

他实在太累了，太疲劳了。

可是，他最亲爱的妈妈这一睡就再也没有醒来。她永远地安息了。邓稼先是在睡梦中送走妈妈的。

妈妈的去世，对邓稼先的打击很大，但他依旧在核物理研究的道路上无怨无悔地前行着。

在第一颗原子弹爆炸成功之后，理论部的工作重心开始转移，一场研制氢弹的攻坚战又在中国这块神圣的土地上打响了。

探索氢弹的奥秘，是中国核科学家的又一历史重任。这是一项比研制原子弹更为复杂的任务。氢弹并不是在制造原子弹的基础上再提高一步就可以了。它们的基本原理大相径庭：原子弹是靠原子核一连串的裂变释放出巨大的能量，叫作核裂变；而氢弹恰恰相反，它是把两个原子核聚合成一个原子核，在聚合的同时释放出巨大的能量，叫作核聚变。

用一个通俗的比方来说，原子弹是用中子做火柴，去点燃裂变材料，引起爆炸；而氢弹则是用原子弹当火柴，去点燃聚变材料，引起爆炸。

对氢弹来说，原子弹只不过是一根火柴。

当时，世界上只有美、苏、英三国试验了氢弹，但他们对氢弹的原理和结构方程式均严格保密。邓稼先和他的同事们只能通过自己的努力去解决这一难题。

氢弹研究的每一个环节，几乎都要拿出几十个、几百个程序，精确地计算出每一瞬间发生的复杂的物理变化。这一瞬间的变化，不是几十个、几百个数据，而是成千上万个数据。这种系统工程工作量之大、精确度之高都是难以想象的。

第五章 超越的氢弹之路

在这个高级思维活动的王国里,每个人都感到了自己的价值,每个人的聪明才智都得到了充分发挥,每个人都融进了这个火热的集体中。就这样,邓稼先与大家又拼搏了一个多月,对氢弹爆炸的各个环节都计算出了比较准确的数据,对氢弹的诞生有了比较完整的蓝图。

1965年初冬,在西北核武器研究基地的会议室里,举行着一次重要会议。

大西北刺骨的寒风卷起纷纷扬扬的雪片和沙尘,噼噼啪啪地打在玻璃窗上。

"我来介绍一下氢弹原理的构想……"邓稼先首先发言。

邓稼先以准确的数据和图表,说明了氢弹研制的原理及计算结果,并阐述了这一方案的理论基础,阐明其成功的可能性、危险性与诸多困难。邓稼先有一个毛病,当讲话紧张时便冒大汗。此刻,他已经是汗流满面了。他干脆脱下棉袄,只穿一件毛线衣,边说边写,边擦汗。不一会儿,那块大黑板上就写满了那颗氢弹的草图、数据和公式。大家感到眼前的老邓仿佛是运筹帷幄的将领,那些数据和公式都是他忠心耿耿的士兵……

这是氢弹试验取得重大成功的序幕,这是关系到国家最高利益的决策。为了它,邓稼先和他的团队不知付出了多少心血。

接下来，整个核研究基地就像一部机器，协调高效地运作起来了。又像研制第一颗原子弹时的情景一样，建造在风雪高原上的那座灰楼彻夜灯火通明。人们兴奋异常，连夜加班。在这里，从邓稼先到普通的研究人员，都好像迷上了"两弹"，他们有使不完的力气，有挥洒不尽的热情。他们原本单调的生活，现在竟然变得美妙而多彩。

1966年12月28日，一座铁塔在戈壁深处威武地竖起，塔顶上放置着氢弹原理试验装置。按照邓稼先和于敏设计的理论方案，这里将进行氢弹原理试验。

铁塔周围安装着各种记录仪器和电子测试设备。密如蛛网的各种导线都与塔上装置的探头相连，实现遥控。

这种试验的特点是被测物爆炸瞬间即逝。所以，现场试验必须使用多种仪器捕捉瞬间的数据，记录下参数，这样才能达到试验的目的。否则，即使被测物成功爆炸了，也属于试验失败。

为了保证试验一次成功，邓稼先与参加试验的年轻人同住一个帐篷，与年轻的工程技术人员一起认真查对仪器导线，检查有无虚焊。为此，他连续工作了两个昼夜。

支起的那座帐篷，被狂风打得颤抖着，四面跑风漏气。帐篷内虽然生着火炉，但依然冷如冰窖。走进这冰冷的帐篷，邓稼先的脑子里常常会出现那句小诗：火烤胸前暖，风吹背后寒。

科研人员们认真地进行着各项工作。经过联试，仪器运转全部正常。

邓稼先所企盼的"零时"到来了。

他戴了一副墨镜，站在距离铁塔 20 千米的掩体里，目不转睛，希望看到那伟大的瞬间，那充满希望的闪光的瞬间。噢！他看到了，看到了那冉冉升起的蘑菇云。

啊，爆炸成功了！

试验部的科研人员全神贯注地进行快速计算。试验的结果清楚地表明：氢弹原理试验达到了预期目的，取得了成功。

这天晚上，中央人民广播电台播发了新闻公报，宣布我国成功地进行了一次新的核试验。罗布泊的庆功宴，是大家难得的宣泄感情的时刻。不管会不会喝酒，每个人面前的酒杯里都斟满了酒。人们举着杯，嘴里不住地说着祝贺的话语："试验成功！"他们将杯中的酒倒进喉咙里，大家的脸上出现了各种表情——兴奋的、舒畅的、美滋滋的……

超越法国，为国争光

就在他们完成理论测试后不久，邓稼先得知法国计划于1967年底爆炸第一颗氢弹。他心中咯噔一下。

美国于1952年11月爆炸了第一颗氢弹；苏联于1953年8月，继美国之后实现了氢弹爆炸。英国人通过几个平行的研制计划，收到了显著效果，于1952年10月3日成功地爆炸了一颗原子弹，于1957年5月15日爆炸了一颗氢弹。法国研制氢弹的速度则比较缓慢。长期以来，法国用加强原子弹作为潜地导弹弹头，并从1964年开始试验加强原子弹，在这方面是顺利的。但是，研制氢弹的过程却不太顺利……

邓稼先估计法国人研制氢弹的道路同美国一样，也是从原子弹到混合弹再到真正的氢弹，估计到1968年才差不多……

他向领导汇报了这个情况，得到了要抢在法国人前面把氢弹研制出来的回复。这不仅是上级的命令，也是以邓稼先为代表的核科学家们的愿望！

他大步流星地走出房门，挨个儿去召集氢弹理论设计人员，说有重要消息发布。

接到通知的人，都回到了九院，回到了理论部。邓稼先召开了一次研制氢弹的动员大会,在会上他讲了国际形势,讲了上级关于研制氢弹的指示,他激动地说道:"同志们,我们的法国同行要在今年年底爆炸第一颗氢弹,这是一个重要动向。倘若我们不能超越他们,他们成功了,便排名世界第四,我们就只好排在法国之后。对此,我想我们谁都不会甘心。所以,我想请大家出主意、提建议,尽快完善我们的理论方案,力争超越法国,为国争光!"

邓稼先的话音刚落,全场便响起了一片掌声。

"超越法国,为国争光!"

说来也神了,这句口号,竟然将人们的注意力一下子集中了起来,将人们的积极性调动了起来。很明显,谁也不愿拖氢弹研制工作的后腿,谁都愿意"超越法国,为国争光"!

"超越法国,为国争光"迅速传遍了九院,传遍了氢弹研制与试验系统,成为催人奋进的口号。

1967年初夏,在"超越法国,为国争光"的口号的召唤下,我们国家的核大军经过不懈努力,终于让我国的第一颗氢弹在青海湖畔诞生了。

中央经过反复研究,确定6月17日8时为氢弹试验的"零时"。

6月1日、3日分别进行了全场联试。

1967年6月17日，罗布泊。

天气晴朗，天空飘浮着一片白云。时间在流动，白云在流动，黄沙在流动，邓稼先的一颗心在激烈地跳动。

主持试验的领导先后来到试验现场指挥部——一座碉堡式的地下掩蔽所。邓稼先等早已迎候在这里。领导们十分关心试验的准备情况，掩蔽所里响起了这样的对话声。

"各队情况怎么样？"

"一切正常。"

"飞机情况怎么样？"

"正在挂弹，可以准时起飞。"

这时，掩蔽所里的电话铃响了，听筒里传来机场调度员的声音："飞机准备完毕，请求起飞。"

主持试验的领导大声命令道："起飞！"

726号轰-6甲飞机威武地停在跑道上。驾驶这架飞机实施投弹任务的是徐克江机组。当机长从耳机里听到"起飞"的命令后，飞机的发动机立刻轰鸣起来。

只见这架轰炸机喷吐着长长的红色火焰，怒吼着在跑道上移动、加速、升空……

第五章 超越的氢弹之路

机场上几百双眼睛注视着这只扶摇而上的雄鹰。

试验现场的高音喇叭里不断传出倒计时的命令："20分钟准备！"

"10分钟准备！"

"1分钟准备！"

在掩蔽所，大家都戴上了墨镜。

指挥部传出那使人紧张的口令："9、8、7、6、5、4、3、2、1，起爆！"

人们一齐注视着靶区上空的蓝天。可是，十几秒过去了，没看到火球，也没有听到爆炸的声响。

"机组，机组，怎么回事？"

"报告，报告！弹没有投下去。怎么办？请指示！"飞机上的飞行员焦急地喊道。

此刻这位飞行员正目不转睛地透过机舱注视着浩瀚的大漠荒原，努力搜索着投弹的靶区。

他记得以前每次练习投弹，只要机头往上一蹿，机身就会变得很轻松，但现在机身仍旧沉甸甸的。机身下面吊着的是一颗氢弹啊！万一失误后果不堪设想。

飞行员大汗淋漓，浑身湿透，眼睛也红了。他请示地面。

主持试验的领导立即向上级请示。

"弹没有投下去，可以再投吗？"

"可以试一试。"

"飞机的油料够不够？"

"够用。"

"那好。我批准，再重复投一次。告诉机组不要太紧张，要沉着，要冷静！"

于是，命令被传达了下去。

"各观测点注意，重新开始准备。机组修订航向，'零时'改为8时20分。"

计时器的响声，再次回荡在大漠上空。飞机绕了一圈又回到靶区上空。

"告诉飞行员同志，不要惊慌！"这时耳机里传来了那既熟悉又亲切的声音，"现在最需要的是冷静和镇定。"

听着这样的声音，飞行员慌乱的心跳恢复了正常。

"你们知道，这样的事情，在别国的试验中也是不少的。完全用不着慌……"

这声音为飞行员鼓足了勇气。此刻，他正需要勇气啊！

飞行员眼含热泪，驾驶着飞机绕了一圈又回到靶区上空。

这次他完全按照以前练习的操作步骤进行。

随着那干脆利落的"起爆"二字,氢弹终于顺利地投下来了。

降落伞准时打开。

氢弹悬挂在降落伞下,缓缓下降……

邓稼先屏住呼吸注视着,注视着靶区上空出现的那个白色的圆柱体——这就是他们的心血啊!

只见那个圆柱体摇晃着,飘动着,滑行着……越来越远,只剩下一个小小的白点了。

氢弹降落到预定高度,准时起爆了。

邓稼先眼里的那个小白点,突然变成了白光,变成了照彻天宇的白光……

就在邓稼先被强烈的爆炸声震撼得眯了眯眼睛的那一刹那,白光中出现了一团金色,犹如一个新生的太阳。它的出现,使得那个在寰宇中具有永恒意义的太阳,变成了一颗小小的、没有光彩的黄色弹丸。

这个新生的"太阳",在水蒸气冲击波的作用下,产生了凝聚云。在大火球的上方,形成草帽状云雾,那云雾由下向上、由里向外,翻卷着,旋转着,变成了一朵乳白色的蘑菇云……

邓稼先的嘴角颤抖着,双眼模糊了,泪水在他的面颊上滚动着，滚动着。他的耳畔留下了两声巨响：一声巨响来自那个"小太阳"的爆裂，而另一声更为惊心动魄的巨响，则来自身后那绵绵无尽的巍峨天山的回响。

氢弹爆炸后，空中取样火箭发射，成功地获取了用于分析氢弹参数的放射性微粒样品。经分析，其爆炸当量和有关效应与理论设计完全相符。

"我们成功了！我们成功了！"人们高声呼喊着。

邓稼先和他的年轻伙伴们抱在一起，一个个哽咽着，泪流满面。

这是成功的泪水，也是幸福的泪水。他们的一滴滴血、一滴滴汗，终于幻化成为这永恒的"小太阳"。

从第一颗原子弹爆炸到氢弹爆炸成功，美国用了7年零4个月（1945年7月—1952年11月）；苏联用了4年（1949年8月—1953年8月）；英国用了4年零7个月（1952年10月—1957年5月）；而我国仅仅用了2年零8个月。

这是胜利的泪水，也是自豪的泪水。他们送走了近千个日日夜夜，抢占了先机，终于抢在了法国人的前面。

法国人在1960年2月爆炸了第一颗原子弹之后，直到1968年8月24日，才在太平洋试验了一颗260万吨当量的氢弹。

中国氢弹的爆炸成功，震撼了全球。

西方世界不得不承认：中国的第一颗氢弹无论在技术水平上，还是在发展速度上，都优于其他核大国的初期水平。

第五章 超越的氢弹之路

　　勤劳勇敢的中国人民，再一次向全世界展示了他们的信心、胆略、智慧和力量！

重温"三不朽"

1968年12月5日,西伯利亚的寒流滚滚袭来,朔风怒吼,雾霭沉沉。老一辈核物理学家郭永怀在和邓稼先一起于罗布泊进行了一次新的热核试验以后,乘专机飞回北京。临行前,他曾约邓稼先一同前往,但因为当时尚有一个数据没有搞清楚,邓稼先的行程只能推迟。可是,就在这天夜间,噩耗从北京传来:郭永怀乘坐的专机着陆时起火爆炸,著名的核物理学家郭永怀不幸罹难。

留在罗布泊的邓稼先眼含热泪,抚摸着郭永怀的遗像。邓稼先与郭永怀在九院近10年的科研拼搏中,结成了忘年交。

郭永怀对研制原子弹充满信心,他曾说:"中国人并不比外国人笨,外国人能够搞出原子弹,我们为什么不能?奥本海默、费米、西拉德同我们几乎是一代人,他们只不过先行了一步,但他们并没有比我们多长一个脑袋。没有现成的技术资料,我们只好抠自己的脑袋,把脑袋抠碎了,也要抠出一颗原子弹来。"

想不到这一次热核试验的爆炸声竟然成了悼念老一辈核物理学家郭永怀的哀乐。

1973年春天,邓稼先怀着沉痛的心情回到北大朗润园,回到了久病不愈的父亲身旁。

邓稼先怀着忐忑不安的心情,走进父亲的居室。只见父亲气喘吁吁地躺在病床上,大姐邓仲先守候在父亲身边。邓稼先跟大姐小声打了一个招呼,而后来到父亲的床头。父亲睁开眼睛,吃力地说道:"稼儿,你工作……那样忙,何必……大老远地……跑回来。

"不必惦记我。我会……好起来的。"

邓稼先坐在父亲身边,攥住父亲一双枯瘦的手,说道:"我是来北京开会,顺便回家看看爸爸。"

父亲听了,满意地点了点头。

看到身染重病的父亲依然惦念着自己的工作,邓稼先再一次受到震撼。他每次同父亲在一起的时候总有这种感受:父亲总是以懿德昭示后人、激励后人。他就像家中那棵古槐一样荫庇后世,是邓稼先永远崇拜的偶像。

父亲因为邓稼先的归来,精神好了许多。少顷,他又对邓稼先说道:"稼儿,科学的果实,要靠苦干去摘取。在科学这条路上,每一步都要走得实实在在、稳稳当当。"

邓稼先眼含泪花,一面用汤匙喂父亲喝水,一面聆听父亲的教诲。父亲的话说得何等深刻啊!他现在走的就是这样一条路，一条吃苦的路。他坚信，撒在路上的种子会生根、发芽，更会开花、结果。

父亲躺下后，邓稼先仔细打量父亲的居室。这是他很熟悉的房间。室内陈设依旧那样简单，书和书橱占据了大部分空间，一排高大的书橱里放满了各种书，还有许多书堆放在地板上，像一道道短墙。在父亲的书案旁边的墙上，张贴着父亲用刚劲、清秀的毛笔字书写的条幅。

这一天，邓以蛰因爱子归来，心情格外好，病情似乎也好转了许多。这天晚间，邓以蛰与爱子谈论起马克思哲学。他对邓稼先说："现代科学愈来愈多地证实，有关宇宙大爆炸的理论是对的。按照这一理论，宇宙是在很多亿年前在一个极热的状态中通过大爆炸而产生的。后来，宇宙迅速膨胀，温度迅速下降。其中的气体形成多个星体，诸如太阳、地球、月球等。地球原本温度非常高，但在漫长的岁月中，它渐渐冷却下来，产生了大气，大气和环境慢慢形成现在这个样子，于是产生了生命。而后，生命从最简单、最低级开始，逐步演进，产生了现在这个斑斓的世界，这种演进在马克思的学说中是一个非常神奇而壮观的过程。"

邓稼先不明白，父亲为什么在病情严重、生命垂危时，还对他讲生命的起源。也许是他老人家看到了比一个人的生命更永恒的东西吧。

可能是因为父亲见到爱子心情太兴奋，讲话太多了，次日，父亲的病情突然加重。邓稼先立即把父亲送进了医院。

父亲躺在医院的病床上，病情稍有好转，便与守在身边的邓稼先回忆过去，回忆他居住过的四合院，回忆他的人生。他再次对邓稼先讲了做人要做到"三不朽"。他吃力地说："古人讲，读书人有'三不朽'，即立不朽之德、立不朽之功、立不朽之言。一个人能将自己一辈子的美德留传给后人，能为社会扎扎实实地做一些好事、实事，给后人立一个好样子，又能将自己的主张传给后人，作为后人的借鉴，确实是不朽的事。不朽者，永生也……"

这是父亲最后一次用古训教导他的爱子。邓稼先深深感到父亲的爱子之情。他眼含着泪水，向着生命垂危的父亲谦恭地点了点头。

父亲临终前，叫邓稼先用小收音机为他播放一首乐曲，那优美的乐曲萦绕在老人的耳边。在乐曲的陪伴下，老人安详地睡去了，永远地睡去了……

父亲的去世，使邓稼先悲痛不已。因为他失去了一位可敬可爱的父亲和人生的导师，还因为他离开父亲近 20 年，没有在老人面前尽孝，他感到很内疚。他想到，没有父亲他怎么能来到这个世界？自己的脑子不笨，那是继承了父亲的基因；父亲勤于治学，他才爱书如命；父亲教他科学救国，他才义无反顾地在原子世界崎岖的道路上登攀。他想到，自己是父亲的后人，父亲给他留下了许多许多。他想到自己又将是后代人的先辈，那么自己应当为他们留下些什么呢？

从此以后，每当思念父亲时，他就会放一首父亲从前常听的曲子，他的思念便融入那优美的乐曲中，产生一种与父亲的灵魂相遇的快感。于是，他便忆起了父亲的音容笑貌，忆起了儿时院落中的那棵老槐树……

不惧死亡的威胁

邓稼先将父亲的骨灰盒送进八宝山公墓后,迅即返回青海高原的核研究基地,继续他们的小型化、实战化的氢弹设计。

小型化、实战化的氢弹试爆前,安装雷管是最危险的时刻。而这时,邓稼先的身影总会出现在操作人员的身后。

操作人员发现了他,用命令的口吻喊道:"邓院长,你躲开!"

邓稼先还是笑吟吟地重复那句老话:"我来给你们壮壮胆!"

干这一行的人都知道,原子弹、氢弹的装配车间就像"阎王殿"。车间里尽管有一流的防护设施,但是测试放射量的仪表的指针,常常指向最大的数值。车间里的工人们似乎能听到弥漫在空气中的恐怖的咝咝声。操作人员每一次轻微的呼吸,都牵动着邓稼先的心。然而,邓稼先的出现总会让操作人员那狂跳的心得以平静。他是他们的精神支柱,他是那些默默无闻的工人师傅最可信赖的朋友。

1979年的初夏,一次偶然的事故发生了——在罗布泊上空,飞机空投小型氢弹时,降落伞没有打开,氢弹从高空直接摔到了地面上。

"9、8、7、6、5、4、3、2、1……"

倒计时的信号数码已经显示为0，但天空没有出现蘑菇云。

那个小型氢弹哪儿去了？出了什么事故？邓稼先的心揪了起来。

指挥部立即派出100多名防化兵到事故现场去寻找。

时间一分一秒地过去，防化兵在氢弹着陆区域里拉网搜寻，却没有发现氢弹的踪迹。

这绝不是一件可以不了了之的事情，人们对日本广岛、长崎当年遭受原子弹袭击的惨景记忆犹新。

邓稼先决定亲自去寻找。

所有的科研人员都反对他去，基地司令员陈彬语重心长地说："老邓，你不能去，后续的研究还需要你。"

此时，邓稼先为生死与共的同事们对自己的真诚关怀所感动。但是，他已经顾不得大家的劝阻了。

这个小型氢弹的弹头里装的钚239，它的半衰期是24100年。倘若侵入人体，便会潜伏在组织细胞中，终生伤害受辐射者的身体。

对于上述这个惊人的数字，邓稼先心中是再清楚不过了。

可是，他还是不顾大家的劝阻，毅然走向吉普车。

当时的二机部副部长赵敬璞也抢着上了邓稼先的吉普车，他们一同向戈壁滩深处驶去。

坐在吉普车上的邓稼先，忐忑不安地思考着一连串问题：究竟是什么事故？有几种可能？最坏的结果是什么？怎样避免损失？

他什么都想到了，唯独没有想到钚对自己身体的伤害。他只有一个目标，那就是一定要找到那个氢弹，探明事故的原因。

吉普车奔驰在戈壁荒滩，车中的邓稼先等人在一步一步接近危险的地带。

其实，对于未来可能发生的事情，邓稼先不是没有考虑，但是他作为一个科学家，早已把自己的生死置之度外。

从被选中从事这个事业的时刻起，他就注定与大漠荒原结下不解之缘。在他看来，不向往大漠荒原的人就不是一个真正的原子人。大漠荒原是原子人施展抱负的战场，大漠荒原也是塑造原子人的课堂。为了国家的安全，无数先人曾在大漠之上挥戈跃马、建功立业，很多先人马革裹尸，献出了宝贵的生命。他们这一代原子人，为了祖国的安全、人民的幸福，一定要把"两弹"研制好。为此，就是献出生命也是值得的。

科学巨人 | 邓稼先

车子在戈壁滩遍布的乌黑的大鹅卵石上颠簸着,而这些乌黑的大鹅卵石又与那枚氢弹极其相似,使人很难一下子区别开。他们瞪大了眼睛,在车子的前方、左方、右方仔细地搜寻着……

找到了,出事现场终于找到了,那枚氢弹的残骸也找到了。虽然它是一枚没有试爆成功的氢弹,但是,它毕竟是邓稼先和他的同事们凝聚的心血啊!

邓稼先要汽车停下来。他一下车,立即感到这个现场对人体的伤害之大。这是一位核科学家的直觉。他坚决阻止副部长和司机与自己同行。最后,他对着不听劝阻的两个人发火了。这是从他身上很少见到的火气,他大声说道:"你们给我站住!你们去也没有用,没有这个必要——"

后面的半句话他没有说出来,但是意思很明白,那就是:"你们没有必要白白地做出牺牲。"在邓稼先看来,现在最重要的是把事故的原因弄清楚。如果这个目的达不到,牺牲就不值得。此刻,这位当时不为世人知晓的隐姓埋名的核科学家、中国核武器理论设计的总负责人,向着那最危险的地带进发了。

面对危险,他感到的不是心悸和恐惧,而是超脱生死的冷静与平和,是勇士的豪情,是挑战危险的神圣。

他身穿白色防护服,戴着一副墨镜,一步一步地向着目标走去，他看到了那枚氢弹破裂后的碎片，喜出望外，因为他最担心的事情没有出现。这时，污染测试员也赶到了，仪器上显示的数字使测试员吓了一跳。原来，邓稼先站立的地方正是污染最重的源点，超过污染限度几十倍。大家劝他离开，他心里也很明白，多在这里站立一分钟，就越接近危险。但是，事故原因还没有搞清楚，他怎么能离开呢……

他拖着疲惫的身躯走回吉普车时，脸上显露着笑容，他对赵副部长说道："赵部长，平安无事，平安无事啊！来，我们在这里留个合影吧！"

就是这一次，他遭受了极为严重的钚的辐射伤害，辐射摧垮了他的健康防线，使他体内的癌细胞空前地活跃起来，它们疯狂地吞噬着这个钢铁般的汉子的生命。

当邓稼先返回北京参加会议时，听说了情况的许鹿希劝他到医院做检查。化验的结果令人心惊。

"老邓的转氨酶很高。"

"老邓的尿里有放射性物质！"

许鹿希看到同事送来的化验报告，许多悬念在心头：是肝炎？还是白细胞被破坏？她一下想到了那可怕的癌症——会不会是肝癌？

许鹿希带着这些忧虑，又把邓稼先的血样送给一位教授化验。化验的结果更令人吃惊：白细胞的染色体大多呈粉末状，已经不成形了。接着，这位教授又为邓稼先检查了肝脏，发现邓稼先的肝脏也破损了，并发现放射物已侵入他的骨髓。

回到家里，邓稼先对妻子说："就是不检查，我心里也清楚。不过——"他向妻子恳求道，"你在外边千万别说。"

"不说可以，你要脱离那份工作一段时间，到疗养院休息治疗，这是你当前最需要的。"妻子的语气十分坚决。

"希希，我不是早就说过吗？搞我们这一行的，总是要有点牺牲的。现在事情还没有搞实，我怎么能疗养呢？我今后多注意就是了。"

"你不去疗养院也可以，能不能在家多休息几天？"

"不行，我得赶紧回去，因为——"

"又有什么新突破，对吧？"

邓稼先默不作声了。

这种话他对妻子说得太多了。为了一个又一个新的重大课题，常人应该得到的，他失去了；常人应该享受的，他舍弃了。20多年如一日，他的时间表排得满满的，他的神经绷得紧紧的。

第六章 | 迈向和平之路
"中国的费米"

费米，被称作"原子能之父"。美国第一颗原子弹在新墨西哥州试爆时，巨响震天动地，云烟弥漫，冲击波骤起。费米怀着激动的心情箭一般冲出掩体，他一扬手撒出了一叠纸片，以测试原子弹的爆炸力。原本可以用仪器测试，但对事业的忘我精神，使得费米急不可耐地撒出了纸片，以图早些获得测量原子弹威力的某些数据。

邓稼先也像费米一样，多次出现在核试验场的最前沿。在核研究基地，邓稼先有个绰号叫"消防队长"。在研制、设计、试验的每一个环节，只要有异常情况，无论大事小事，他总是飞快地赶赴现场。他风趣地对伙伴们说："干我们这一行的，每天与核武器打交道，就如同玩弄神话中的潘多拉魔盒，稍有不慎，恶魔和灾难就会飞出。咱们有难同当啊！"

邓稼先和他的伙伴们总是用严谨和求实的态度驾驭着"两弹"，不断地实现一个又一个预定目标。

> 1964年，我国第一颗原子弹爆炸成功。

1965年,我国第一次用轰炸机空投原子弹试验成功。

1966年,我国的核弹头与导弹对接发射试验成功。

1967年,我国第一颗氢弹爆炸成功。

1969年,我国第一次地下核试验成功。

1975年,我国第二次地下核试验成功。

……

此后,我国的核武器小型化试验获得了一次又一次的成功。

我国发展核武器,是在超级大国对我们实行经济封锁、技术封锁、原材料禁运的国际环境下,完全依靠自己的力量,取得了一次又一次的成功。这一次又一次的成功,使得中国人民扬眉吐气。

邓稼先夜以继日地研制新一代的核武器,因为新一代的核武器是一种有效的战略防御武器,它是"扼杀武器的武器"。它对于保卫国家具有重要的价值。

为了和平，我们需要武器

1984年的隆冬季节，罗布泊冰天雪地。这里将进行一次新的核试验。

来自北冰洋上空的一股冷湿气团，穿过西伯利亚的莽莽原始森林，横扫中国西部的千里大漠荒原。朔风怒吼，雪花卷着黄沙漫天飞舞。寒流似乎有意窒息罗布泊的一切生灵。

就在这严冬季节里，邓稼先和他的伙伴们进驻罗布泊试验场，进行我国新一代核武器的地下试验。

午夜两点，邓稼先还在指挥部值班。他坐在昏暗的灯光下，一遍又一遍地审阅着试验设计报告。此刻，他的心情是不平静的。因为他在等待着在地下竖井里安放核装置的进展情况报告。倘若一切顺利，明天就可起爆了。

冷啊！他被冻得脸色苍白，浑身打着寒战。他感到心脏冻得都快停止跳动了。原来，这几天，他天天都在拉肚子，大便里带血。别人以为他是水土不服，他自己则毫不在意地说："痔疮、低血糖，常见病、多发病。"

此刻，他显得很疲倦。他吃了几块糖，喝了一杯盐水，又开始投入紧张的工作。

他重新打开新一代核武器的试验方案。望着这个方案,邓稼先的脑海里浮现出了外国同行迅速攀越高科技之峰的一幕幕画面。

几年前,美国一批平均年龄才 20 岁的物理学子组成了一个代号为"01"的小组,在一位老科学家的带领下,他们关在房子里,一面撰写博士论文,一面搞科技研究,渴了就喝可乐,饿了就啃一块干面包。房间里,可乐瓶子和面包纸皮扔了一地……他们每天工作十六七个小时。后来人们惊奇地发现,他们正在研制第三代核武器……

于是,邓稼先的眼前出现了这样的场景:千万辆坦克,蝗虫般黑压压地席卷而来。只见空中火光一闪,坦克群像是中了魔法,突然停止了移动。坦克完好无损,车内的驾驶员和作战人员全部死亡了。

这就是第三代核武器"中子弹"的威力。中子弹的中子能穿透约 30 厘米厚的钢板。同时,它能把冲击波、热辐射和放射性物质的杀伤效应降到较低水平。第三代核武器家族中,除中子弹外,还有专门破坏通信系统、电力系统的电子脉冲弹,还有专门攻击地下设施的穿甲弹等。

朔风在吼叫,雪花和黄沙拍打着门窗。邓稼先面对这一份试验方案，认真地思考着、判断着、对比着，最后，他郑重地签上了决策者的名字——邓稼先。

"我不爱武器，我爱和平；但为了和平，我们需要武器。"

邓稼先于半年前在一次学术讨论会上的这句话，赢得了同行们的热烈掌声。

在那次会上，他还吐露了这样的心声："如果说，原子弹、氢弹是大规模摧毁性的进攻武器，那么，新一代的核武器则是一种有效的战略防御武器、'扼杀武器的武器'。它对于国防具有更重要的价值。

"这个'扼杀武器的武器'，我们一定要搞成。外国人可以做到的，我们一定可以做到。"

他的讲话不仅表明了我国科学家的决心，也表达了我国人民爱好和平的心愿。所以，他的讲话博得了同行们热烈的掌声。

为了这个"扼杀武器的武器"，这支研制核武器的队伍重新聚在一起，重新团结在他们的院长邓稼先的周围，开始了新的征程。

超越生命的极限

要搞这个"扼杀武器的武器",最重要的是取得数据。数据来自试验。

一口极深的地下竖井,已经由工程兵在冰天雪地里挖掘出来了。大家正在紧张地安装核装置。

这个夜晚,是最为关键的一个夜晚。尽管邓稼先极度疲劳,并且已经发生两次虚脱,但他仍然坚持在指挥部昏暗的灯光下,等待着井下的消息。

邓稼先又一次出现虚脱。

"老邓,你太疲倦了。无论如何你得回去休息!""红椒"不忍心看邓稼先那惨白的脸色。

"不,我不能走,这里是战场,不能当逃兵!"邓稼先非常严肃地拒绝了"红椒"的恳求。

是啊,对核科学家来说,试验现场就是战场,在这里是要拼命的。对人生来说,处处都是战场,命运的战场,事业的战场。既然是战场,那么成功和失败就相伴而行。

在1986年前我国进行的32次核试验中,邓稼先亲自在现场主持的就有15次,全部获得了圆满成功。有人戏称邓稼先为"福将"。"福将"者,有福之将也!言外之意,总有老天爷保佑着这位福将。可是,15次那样复杂、那样惊心动魄的核武器试验,没有科学的态度,没有一丝不苟的责任心,没有吃大苦、耐大劳的拼搏精神,没有上下左右的团结协作,那个老天爷能靠得住吗?

时间一分一秒地过去,邓稼先苦苦地支撑着。他再次从抽屉里取出盐和糖块放进茶杯里,兑水后大口大口地喝下去。他心里明白,自己作为这次试验的主要负责人,无论如何不能因为腹泻脱水而倒下。

邓稼先的保健医生李医生看到邓稼先的病情,心里浮现出一团疑云:他的腹泻若是一般的拉肚子,为什么用任何抗生素都止不住呢?再说,他长期便秘,为什么突然又腹泻不止,而且大便时而带血呢?

电话铃急促地响起,意外事故发生了:地下核装置测试仪上的信号,在出现一串蓝色的火花之后便消失了。

核装置失控!

美国前不久进行地下核试验,一颗两万吨级的核弹头爆炸。结果,地面塌陷,十几名参试人员受伤。不仅如此,昂贵的核装置和深井顷刻间化为一缕青烟……

第六章 迈向和平之路

邓稼先急忙推开指挥所的大门，强劲的西北风夹裹着雪花、沙石扑打在他的脸上，他一时被呛得喘不过气来。他的身子摇晃了一下，人们急忙扶住他，但是，他立即登上一辆面包车便出发了。

戈壁滩上的公路，由于干旱和大风的剥蚀，路面已成了搓板状，面包车在搓板上剧烈地颠簸着前进。车里的人一会儿被颠起又落下来，一会儿又像摇煤球那样左右摇摆，五脏六腑像被摇得挪了位。健康的人都难以忍受，更何况是虚弱的邓稼先。邓稼先觉得一阵阵头晕、恶心，腹部隐隐作痛，他的面色变得惨白、蜡黄……

他们乘坐的车子经过一道道警戒线，终于来到了试验竖井。邓稼先走下车，被冷风一呛，哇地一声吐了，吐的都是黄色的胆汁。

他吃力地向着风雪中的竖井口走去。由于风沙太大，他将腰猫得低低的，简直是在匍匐前进。走了一段路后，他实在走不动了，随行的2个同事急忙架着他的双臂，3个人冒着风雪艰难地向前走去……

看到老邓气喘吁吁、艰难挪动的样子，搀扶他的2位同事眼睛湿润了。他们知道，老邓是在拼命啊！现在劝他回去是不

可能的，只好用力架着他在厚厚的雪地上移动。

于是，两代核科学工作者的6个脚印——6个人生旅程的惊叹号，一行又一行地叠印在大漠雪原的"稿笺"上。

在竖井口旁，听了井下人员的汇报后，邓稼先征求在场同事的意见："怎么办？"

有人主张把核装置从井下提上来,拉回工厂查清原因;有人认为,这样坏的天气,从井下提升核装置太危险,主张就地排除故障。

两种意见,各有利弊,双方争论不休,一时谁也无法说服对方。这时,天快亮了。黎明前的气温最低,已降到零下30摄氏度,需要赶快把方案定下来。邓稼先认真地比较了大家提出的方案,决定在现场排除故障。

紧张的排除故障工作,在井口和井下开始了……

又是两个不眠之夜。无数次的测试、计算,无数遍的检查、寻找。

看,荧光屏上的蓝色光波重新亮了!

邓稼先和他的伙伴们疲惫的脸上露出了笑容,井下的核装置度过了危险期。

暴风雪在英勇的核斗士面前收敛了它们的淫威,太阳怯生生地从厚厚的云层中露出了笑脸。

测试仪器都恢复了正常,参试人员各就各位。

"起爆!"

一只大手有力地按下了那枚红色按钮。

地火在奔突,地火在运行!被厚厚的岩层禁锢的核装置,发出了强大的反抗信号,高温高压状态下的火球,瞬间使岩层化为气体和岩浆。压力波在岩层中穿越,变成了震波,辐射到了远方……

人们没有看到那个火球,也看不见蘑菇云,但这一切都被仪器"看"到了、"听"见了。它们很快将变成研制新一代核武器的数据……

大地发出沉闷的隆隆声。邓稼先只觉得脚下在颤抖、在倾斜、在旋转,他感到自己的身躯好像直向那口竖井坠落——他当场晕倒了。

"老邓!老邓!"人们焦急地呼唤着。

近几年来,邓稼先曾多次在试验场昏迷过去。他实在太累了。20多年如一日,他奔波于缺氧的高原、无水的大漠、幽暗的峡谷。时常是下了飞机上火车,下了火车上汽车,甚至坐马车、步行。有时任务紧急,顾不上吃饭,他便从食堂拿上两个馒头匆匆上路。从核研究基地到工厂,又从工厂到试验场,有时,一个月之内他要往返好多次,行程达数千里。

昏迷—呼唤—抢救……

噢,他终于苏醒了。启开眼帘,眼中依然是一个倾斜而旋转的世界。他关切地问道:"测试结果出来了吗?那个'尖尖'

找到了没有？"

小胡眼里含着热泪，用手高高举起那幅测试的底片，说道："老邓，你看，那个'尖尖'找到了，那个'尖尖'跳得好高好高啊！"

邓稼先接过底片，一眼便看到那个清晰的"尖尖"。他兴奋得猛地坐起，两行泪珠顺着脸颊淌了下来。

那清晰的"尖尖"，正是他们标定的图像，正是他们梦寐以求的效应。这高高跳起的尖形曲线，也许是邓稼先从事核科学研究事业的最高峰啊！

他抓起电话听筒，立即向核工业部的领导报告了这一惊人的科研成果："中子主体点火正常！

"燃烧正常！

"总剂量超过上限，理论和实践取得全面成功，是核武器科研的一次重大突破！"

"福兮祸所伏"，此刻邓稼先体内的癌细胞，像被激发的原子核那样，正在酝酿一场可怕的"裂变"。

生和死，在邓稼先的生命之中，悄悄地进行着无情的搏斗。

邓稼先像一只涅槃的凤凰，在炽热的烈焰中，挑战着生命的极限。

告别大山

就在喝庆功酒的那天晚上,邓稼先非要看一看曾托着第一颗原子弹爆炸的那座已经倒塌的铁塔。

他乘车来到了当年的试验区。他要司机和随行的医生留在车上,但是李医生坚持要与他一同去。

是夜,皓月当空,给严冬的戈壁平添了几分清冷。在朔风中,邓稼先一连打了几个寒战,步履也显得十分沉重。没有人能比他更清楚自己日趋衰弱的身体,也没有人能比核科学家更清楚微观世界中那些用肉眼无法看到的"凶煞恶魔"了。但是,所有这一切他都隐瞒了,他把自己的病说成是"常见病""多发病",并装得若无其事。

他们两人漫步在第一颗原子弹爆炸的地方。这里曾经的黄沙和石块已变成了一片焦土。他告诉李医生,当年这里有许多蚌壳化石。

他告诉李医生,这里曾经是古楼兰国的国都。相传古楼兰国最早曾是西域番国。唐代李世民挂帅西征,在这里修建兵寨、营房,这一带还可能是李世民储存粮草的营地呢!

他们走到倒塌的铁塔前。昔日那座屹立于大漠的巨型铁塔已不复存在，原子弹的炽焰使它变得像面条一样，扭曲着躺在地上，在北风中呻吟。

大漠荒原，属于过去，也属于现在。岁月悠悠，淹没了多少大漠的昔日雄姿；今日，它已成为原子人驰骋的战场。

邓稼先旧地重游，突然感到一种战士入沙场的悲壮，顿时感到热血沸腾，心跳怦怦，眼泪也流了出来。尽管他不是那种爱流泪的人。

大漠的月亮，时而变得明亮皎洁，时而变得模糊遥远。大漠荒原以它的雄伟磅礴，以它的朴实厚重，深深地吸引着他。在这里，他可以从尘世中解脱，他似乎感到了一份安宁。

此刻，他忘记了自己的病痛。

此刻，他与他眷恋的核基地留下了最后一张合影。

这次核武器小型化试验完成后，邓稼先返回了他的"老家"。这个被邓稼先称为"老家"的地方，坐落在酷似蘑菇云的群山之中；这个"老家"，是中国核武器研究向纵深拓展的第三个研制基地。这个"老家"，就是从青海高原迁到四川深山之中的九院的院部。

在邓稼先的心目中，"老家"的风光是世上独一无二的。在厚厚的蘑菇顶之下，有四季不绝的雾霭。清晨，帷幕般的浓雾随太阳升腾起来，于是，"老家"便悄悄隐匿了。神秘的雾霭一直绵延到夜晚。当明月升起的时候，这里便同白昼一般清澈、明净。

这个"老家"，有着坚固而朴素的建筑。建筑物的外墙上刷上了黑色涂料，所以，有人戏称九院像是从月球上掉下来的。

邓稼先居住的小院，就像他的为人那样朴实无华。左面是一间办公室，室内有两张破旧的沙发、一张油漆斑驳的旧写字台；右面则是他的居室，一张大铁床，床上的席梦思床垫已经凹凸不平，一个放衣物的旧木橱，一台"昆仑"牌的14英寸黑白电视机，是室内最奢侈的器物。小院前边，有供人休息的石桌、石凳——这里就是他和伙伴们研究新一代核武器的"聚仙堂"。

他从大漠回到"老家"以后，稍事休息，又提出要去登山。以前他太忙了，太累了，几年来，从未有机会登山。从罗布泊回来，他的身体每况愈下，很不适合登山，但他坚持要爬一爬山，大家只好依他。

刚爬上半山腰，邓稼先已经气喘吁吁、体力不支了。他坐在一块平整的石板上，大口大口地喘着粗气，对副院长高潮说："老高，坐过来，给我'把把脉'。"

高潮靠近他,将两个手指摸在他的手腕处,眼睛盯着手表,约莫半分钟,说道:"100多次。你不能再往上爬了,就地休息,然后返回。"

邓稼先看了看云雾笼罩着的山顶,又看看老高,一脸的无奈。

这里的风景很不错。正值中午时分,四周古木参天,悄无人声,一片寂静清爽。只有那高一阵低一阵的风声,弹奏着松涛林韵,摇曳着片片红叶翩翩飞舞。邓稼先情不自禁地说道:"山只有通过风的雕琢,才更见其壮美;同样,人也需要风霜雨雪的砥砺,才能日趋成熟。"

大山给了他热烈的情思,他的话语滔滔不绝,这是大家平日里很少见到的。他接着说道:"登山,是非常有趣的事情。当你顺着台阶一级一级向顶峰攀登时,如果从远处看,那一级一级的台阶,像是由许许多多个'日'字组成的。登山,如同人生,要达到生命的高处,就必须一步一步、脚踏实地地走过每一个'日'字,而不能将它们虚度。"

说完,他还是坚持要爬上山顶。尽管大家都劝阻,尽管他对自己的身体情况十分明白,他还是毅然站起来,向着山顶爬去。对于他体内的凶神恶煞,对于面前的山路,他只是付之一笑。

这一天,他怀着即将"告别大山"的心情,终于登上了大山的峰巅。他又胜利了。

这年夏天,他接到了国防科学技术工业委员会(简称国防科工委,现已撤销)的一个通知,要他去北京参加一个高科技学术讨论会。告别大山的日子终于来了。

行前,他对朝夕相处28载的伙伴们说道:"我不能陪你们了,请各自保重!"

大家围了上来,依依不舍地说道:"你路上多保重!"

"大山里没有什么好玩儿的,你们工作之余自己找点事情解解闷。"他说话的声音很低,语气也显得很温和很平淡。

大家敏感地觉察出老邓情感上的变化,并由此意识到了什么。他们的眼圈都红了,一个个背过脸去,偷偷地擦去泪水。

第七章 | 未走完的科学之路
永恒的光源

一位作家称邓稼先是永恒的光源。因为他给我们留下的是做人之光，留下的是将自己的生命奉献于人类之光。

1985 年 7 月 28 日，邓稼先告别了大山之后，出现在妻子面前。他见到妻子的第一句话便是："希希，是好消息，那项高科技项目被我们突破了。"

"你的肝怎么样？"妻子关切地问。

"肝还好。就是大便困难，痛得坐不下来。"

"检查过没有？"

"还没有。"

"那你赶快去检查，这一次要听话。"

这次，邓稼先真的听话了。7 月 31 日，他利用开会的空隙去中国人民解放军总医院看病。他空着手和警卫员说说笑笑地走进医院大门，打算向医生要些润肠通便的药，稍作检查就回招待处继续参加会议。想不到，医生却是那样认真，经过仔细检查后，医生非常惊诧地说道："你怎么现在才来呀？"

"我……"对于医生的惊诧，邓稼先还没有反应过来。

"住院，要立即住院！"医生没有二话，立即开好了住院证。

"不行啊,我不能住院,有个重要会议还等着我去参加。"邓稼先恳求医生说。

"这里不是会议室,这里是救死扶伤的医院。"医生没有依他,而是很坚决地把他留下来住院。

癌症!

邓稼先心存已久的疑惑,一下子变得清晰了。于是,他不再拒绝医生的要求,很冷静地接过住院证,警卫员为他办理了住院手续。

经过活体组织化验,一个无情的判决降临了:邓稼先被确诊为直肠癌,而且,癌细胞已经扩散、转移了……

1985年8月10日,医院为邓稼先做第一次手术。

天刚破晓,核工业部的领导来了,许鹿希也来了。人们相对无语。许鹿希眼含泪水,轻轻地叹息着。他们在焦急地等候。

几个小时过去了,手术室的门打开了。深度麻醉的邓稼先躺在手推车上,被推进了病房。

邓稼先醒来后,来看望他的领导对他说:"稼先,你有什么要求,尽管提出来。"

"没有。组织上不要再为我浪费了,不要再给国家增添不必要的麻烦了。"他说话的语气那样平淡,那样自然。话是从他心底自然流淌出来的，在场的人都流下了眼泪。

就这样，邓稼先躺在病床上，开始了药物治疗、放射治疗的生活。这时，他才对妻子说："我知道这一天会到来，但没有想到它来得这样快。"他拉住妻子的手，继续道，"我并不悲叹死亡。父亲生前说过，'死是一个哲学问题，也是一个让人的心灵得以净化的美学问题'。庄子就将生死当作无差别境界。他泯灭了生死之别，突破了时空局限，以'逍遥'之游，超越死亡，达到精神的绝对自由。庄子视死如生，对死达观超脱，所以，他能做到以快乐之心去赴死。只是，我觉得自己对国家的贡献还太少，还应该多做一些事。"

这时，许鹿希流泪了。他抚摸着妻子的头，劝慰道："希希，不要难过。生命来自大地，最后又回到大地，这是很自然的事。清人龚自珍曾在诗中写道，'落红不是无情物，化作春泥更护花'。古人还有这种情怀，我们不应逊于古人。"

在死神面前，他显得那样超脱，那样潇洒……

就在邓稼先动完手术的那天晚上，国防科工委主任、核工业部部长以及有关医学专家召开会议，共同研究邓稼先的治疗方案。可惜，即使在现代医学如此发达的今天，人类也无法攻克癌症……

　　手术后的邓稼先躺在病床上。人们面对躺在病榻上的这个老邓，似乎越来越不那么理解了。

　　　那一次他们与老邓一块儿在杭州开会，一起游了西湖，一同在白堤和苏堤上漫步。他们走进西泠印社时，邓稼先作为邓家的第六世孙，与他的先人邓石如相见了。他兴致勃勃地在邓石如的雕像前照了相，与先人合了影。而后，他们又到了岳坟，站在"尽忠报国"4个大字前，邓稼先似乎在沉思，久久不说话。这时有人对他说："老邓，其实你完全可以舒舒服服地安排自己的一生，到国内外名山大川游览一番,讲讲学,当一代社会名流……"

老邓微笑着摇了摇头,摆了摆手,继续凝视着"尽忠报国"那4个大字。

有人看着躺在病榻上的邓稼先不禁思索:当年邓稼先在美国普渡大学取得博士学位以后,他的导师德哈尔教授曾经想带他去英国继续氘物理性能的研究,倘若他没有谢绝德哈尔教授的安排,那么他会走上一条什么样的人生道路呢?

未听完的《命运交响曲》

邓稼先留给九院一台电唱机，电唱机上放着《命运交响曲》的密纹唱片。九院的年轻人每当在科研中遇到困难和挫折，便会听听《命运交响曲》。从那高昂的旋律中，他们仿佛能听到邓院长的谆谆教诲。

诚然，世人谈"癌"无不色变，而邓稼先却以平和的心境，泰然处之。他以坦荡的胸怀，以一身傲骨，支起人生摧不垮的精神长城。

身患癌症，对一个人来说意味着什么？意味着失去创造的双翼？意味着失去了生存的乐趣？对有些人来说也许会是这样。然而，对核科学家邓稼先来说，他的灵魂永远不会泯灭，他为祖国而创造的双翼谁也无法折断。所以，他即使在病痛的折磨下，依然在振翅翱翔。

现在，邓稼先躺在医院的病床上了。当中华人民共和国的将军们心急火燎地、千方百计地想延长他的生命的时候，他却仍未从院长的角色中抽身出来。因为他太专注于自己的事业，已经到了忘我的境地。

尽管浓烈的福尔马林气味，医生和护士的白大褂，各种输

科学巨人 | 邓稼先

液瓶一直环绕着他、包围着他,但他仍有一种恍若在岗位的感觉——浩瀚的戈壁滩,白雪覆盖的草原,云雾弥漫的蘑菇山,不时浮现在他眼前,使他产生诗意般的幻觉和旺盛的创作欲望。他想趁住院期间完成那部专著。在他住院之前,他已开始动笔,写了好几万字。这是一部原子核理论的工具书,他将自己的专著命名为"群论"。

病情稍有缓解,他便将几个老伙计约到医院来。于是,他的病房变成了会议室。

手术后的第四天,他就用颤抖的手写信,要九院的同事从川东"老家"给他送资料和书籍来,还托亲友帮他借来了一大堆英文、法文、德文、俄文杂志。

邓稼先的病情一天天向坏的方向发展。他每天都有一种紧迫感,好像有许多事情需要他去做。他说,他有两件事,一定要在辞世之前做完:第一件事是那本没有脱稿的专著,他要写完;第二件事是他要向党中央写一份关于发展尖端武器的建议书。谁能体会邓稼先肉体被癌细胞吞噬时的剧痛?谁能听到他心灵深处的呐喊?对一个无限热爱自己事业的核科学家来说,他的年纪当说尚在鼎盛时期,但却患了绝症,过早地接近了死神。

每当夜深人静、病痛难忍的时候，他便设法转移自己的注意力，与警卫员小邓天南地北地聊。

一次，他给小邓讲起了哲学家罗素的故事。他说："罗素对生命所持的豁达态度，我特别赞赏。罗素在《怎样做老人》一文中的一段话，我时常在心头默默背诵。罗素说：'一个人的存在就像是一条河流，开始时很小，在狭窄的峡谷中流动，慢慢地流出峡谷，变得汹涌奔腾，冲过巨石，越过瀑布，河面渐渐地变宽了，两岸渐渐后退，河水流动更平静了，最后滔滔不绝地汇入大海，毫无痛苦地失去了它的存在。同样，生命之河也有自己的韵律，每个人也都应在不同的年龄阶段调整好自己的琴弦，以求与这一韵律合拍，使生命的乐曲更圆润，更和谐。'罗素这一段话，说得多好啊！"

小邓被这段话里的哲理和生动的比喻所吸引，听得入了迷，冲着邓院长连连点头。于是，邓稼先又接着讲下去："一个人的生命，就自身而言，即使再健康，最终的结局都将是一缕青烟。但是，生命的价值却不相同。有的轻如鸿毛，有的则重如泰山。我们应该在有生之年为自己的国家、自己的民族多做一些实实在在的事情，留下实实在在的脚步。这样，才不枉此一生。小邓，你说对吗？"

小邓再一次郑重地点点头。

天安门，在当代中华儿女的心目中，是一个伟大民族的象征，是伟大祖国的象征。病榻上的邓稼先思念着天安门，思念着广场上空飘扬着的五星红旗。

1985年国庆节前夕，他与警卫员小邓商量要去看看天安门。小邓开始不同意，但后来见他那样焦躁不安，便只好同意了。他俩瞒着医生、护士，悄悄地溜出了医院。

北京的秋天是美丽动人的，而国庆节前的天安门更是壮丽多彩。虽然邓稼先家住北京，但20多年以来，他多数时间身处外地，每次回到北京，或是开会，或是汇报工作，总是匆匆地来，又匆匆地去，很少有空闲时间在天安门前驻足，每每引为憾事。

是日，北京的秋色更加迷人，到处洋溢着节日的气氛。他觉得这是他有生以来见到的最美的北京。因此，他兴致勃勃，心情激动。

他们乘坐公共汽车先到王府井。长安街已经焕然一新，许多新的高层建筑矗立在街边。他不时停下来，贪婪地张望，寻找往日的印象。记得1950年他从国外归来，正值建国一周年，他第一次见到中华人民共和国的旗帜，是在清晨升旗的时刻。

晨曦中，一列士兵护着国旗走出天安门，跨过金水桥，在国歌的乐曲声中，五星红旗徐徐升起。那时，他激动的心情，久久难以平静。直到今日，当时的情景依然深深铭刻在他的心头。

几十年过去了，没想到今日他是从医院里逃出来，带着引流瓶来拜谒天安门；更没想到，这也许是他最后一次站在天安门前！

走到天安门城楼前，他停住了脚步，深情地凝视着蓝天下金碧辉煌的天安门城楼，凝视着城楼上的巨型宫灯。他转过身来，又长时间地仰望着迎风招展的五星红旗。他知道，这样的机会不多了，不多了……

在小邓的护卫下，他们通过设在街心的安全岛来到广场。只见邓稼先几乎正步走近国旗旗杆的基座，朝着国旗，举起右手，郑重地行了一个礼。他知道，这是他面对天安门广场上的五星红旗行的最后一个礼。他那只大手，久久地举着，久久地举着……

这是一只被中华人民共和国开国领袖们握过的大手，这是一只为中华人民共和国研制镇国之宝——原子弹、氢弹的大手，这是一只永恒的大手……

邓稼先是一位核物理学家，但他不是书呆子，他感情丰富，兴趣广泛。九院的科学家们都知道,邓稼先最爱京剧,他不仅爱看,也爱唱。他每次唱京剧,都是在科研攻关有所进展的喜悦时刻。他不仅会哼上几个唱段,而且还哼出锣鼓点来伴奏。这时,一边旁听的警卫员免不了抿着嘴悄悄地乐:一个大科学家还像小孩子那样整天乐呵呵的。

这一天,一位核物理学家去九院院部参加学术讨论会。天下着蒙蒙细雨,雨幕中他看到一个高个子打着一把大黄雨伞走在前面。那高个子一边冒雨赶路,一边哼着京剧,还一边用嘴打着锣鼓点。跟在他后边的科学家也不由自主地随着那锣鼓点,引吭高声来了一个拖腔。那高个子回过头来,两个人站在雨里哈哈大笑起来。走在前边的那高个子就是邓稼先,走在后边的科学家则是于敏。这两位核物理学家原来都是京剧迷。即使在病重住院期间,邓稼先只要听说电视节目中有京剧,就要和警卫员瞒着医护人员,偷偷地到楼下电视前去看上一会儿。

邓稼先也酷爱音乐。在九院,在那深山大川里,那座被绿树翠竹掩映的平房里时常传出贝多芬那首向命运挑战的激昂乐曲。

邓稼先病重期间,九院的青年诗人刘树模发现邓稼先居室的电唱机上放着《命运交响曲》的密纹唱片,针头还定在最后

一章的密纹中间。这位青年诗人眼含热泪,写出了一首长诗——《未听完的〈命运交响曲〉》,诗中这样写道:

> 唱片仍架在唱机上,只要用手合上电闸,
> 那暗红色的唱片便会旋转起来,那激昂的旋律便会溢出。
> 这是贝多芬的《命运交响曲》,是你临行前听过的。
> 只可惜你没能听完……
> 此刻,我突然被一股巨大的热流催动。
> 我走向那台沉默的唱机,庄严地合上了电闸。
> 顿时,浑厚的旋律充满了房间,波涛般向外奔涌;
> 这旋律似乎变成了你的声音,在对我们嘱托……

从此,九院的年轻人,每当在科研中遇到困难和挫折,便走向那台电唱机,合上电闸,聆听《命运交响曲》。在那高昂的旋律中,年轻人仿佛看到了邓院长走过的道路和他留下的脚印,仿佛听到了邓院长的谆谆教诲。

奋斗的人生是最美好的人生

"奋斗的人生是最美好的人生！"这是邓稼先留下的遗言，也是一位爱国科学家的自白。

12月初，邓稼先暂时停止了久已不见疗效的放疗和化疗。因为白细胞数目太少，血象太差，医生同意他回家休养一段时间。这是邓稼先在他那"三间套"居室度过的最后一段日子。

此时，九院的宿舍院里热闹非凡，运载水泥、砖石的卡车、拖拉机喷着黑烟出出进进，飞扬的沙土使他想到了大漠荒原。住房拥挤的九院要建两栋新宿舍楼——

1984年初秋，在庆祝我国第一颗原子弹爆炸20周年之际，邓稼先陪同中央领导看望核科学家及其家属，中央领导目睹了九院宿舍的拥挤状况，批准了建房报告。这真是喜从天降。包工队的电锯，就在邓稼先的楼下尖啸，嘈乱异常。但是，对重病的邓稼先来说，这却是愉快的嘈乱，是如愿以偿的嘈乱。这嘈乱的日子，对邓稼先来说实在太宝贵了。他的大部分时间，都花在阅读有关未来星球大战的资料上。他的床头总是堆放着厚厚一叠英文复印件。当时，人类的角逐场从地球表面扩展到了外层空间。有了海陆空，有了战略导弹部队，难道还会出现

科学巨人 | 邓稼先
中国科学家的榜样故事

一支战略航天部队,准备去进行一场"天体大战"吗?

邓稼先眼前是一幅漫画,画面中是那个被各种高能武器发射出来的光束紧紧捆绑着的小小地球……

他怀着焦灼的心情,凝视着这幅漫画。没有哪一个门类的自然科学家能像核科学家那样与政治发生如此紧密的联系。此刻,邓稼先床头的收音机里响起了当年十分流行的一首歌曲:

> 想起来是那样遥远,仿佛都已是从前。
> 那不曾破灭的梦幻,依然隐藏在我心间。
> 是谁在默默地呼唤,激起心中的波澜。
> 也许还从未感觉,我们已经走过昨天,
> 啊,一年又一年,啊,我们走向明天。

这是我国艺术家献给国际和平年的一首歌,也是邓稼先非常喜欢听的一首歌。

和平,几乎是众口同声的呼唤。为了和平:政治家运筹帷幄;歌唱家用歌声表达心愿;他们这些核物理学家则长年累月隐匿在深山，苦战在大漠荒原。他们紧跟着时代的脉搏，攻克一个又一个高科技难关。病魔缠身的邓稼先依旧期待着明天，依旧为和平呐喊："我们不能被他们抛得太远。中国在10年之后要想占一席更重要的位置，现在就必须盯住人家，紧紧跟上。"

时间对他来说，比别人更加紧迫。他必须抢在死神前面做好这件事，一定要把发展我国新一代核武器的设想写成报告呈送中央。就在他那"三间套"的房间中，他邀来好友、天才物理学家于敏，二人一连几晚长谈。他对于敏说道："在发展核武器这个尖端科学领域时，世界各大国都在全力以赴地奔跑，我们必须眼睛盯着，心里想着，手上干着，用我们手中的核武器制止核战争！"

他身体力行，在屈指可数的日子里，用尽全力干这件事。

他拖着病弱的身躯，四处查找有关的资料和数据。有一天，他气喘吁吁地爬上一家科研所的4楼，请一位同志帮忙查一份资料。那位同志打开房门，见他面色苍白地坐在楼梯上，十分不安地说道："邓院长，你病成这个样子，要什么资料，打个电话就行了，还要亲自跑？！"说着，这人走过去扶他。

"我再也爬不动了，谢谢你帮我一把！"他上气不接下气地站起来，晃着身子走进那间办公室……

比生命更重要的一份建议书

1986年的初冬,邓稼先约九院的同志到家里来谈工作。这位同志乘坐公共汽车,到站后从后门下来,发现邓稼先从汽车的前门下来了。他说是刚从北京图书馆查完资料,忙着赶回来,想不到两人坐的是一趟车。

1986年5月,第二次手术以后,他的身体已经极度虚弱。他依然硬撑着,几次和于敏长谈到深夜,话题是"世界局势和我们的对策"。他们终于完成了给中央的那份建议书。在建议书中,他们提出了发展尖端武器的若干紧迫问题。

他心中很清楚,这是他最后一次向中央陈述自己的意见了。这份建议书是他坐在气垫圈上写成的——因为严重的伤痛,他的臀部不能坐椅子,只好用气垫圈把臀部架起来。

邓稼先把这份建议书交给了妻子许鹿希,请求妻子帮忙送到核工业部的领导手中。他叮嘱道:"希希,这份材料比生命更重要,下午3点你务必送到。"

妻子眼含泪水,接过那份丈夫用生命写成的建议书。它无比沉重,无比珍贵。在公共汽车上,她警惕地将装着这份材料的提包紧紧地捂在胸前。她耳边仿佛又响起丈夫对她说过的话:

> 地球上应该有一个安宁的环境,人类的和平应该得到保障。作为一个核科学家,我最想听到的不是原子弹、氢弹的爆炸声,而是世界各大国对世界和平的承诺。我有许多祈盼,但是,我最大的祈盼是人类生活的这个地球永远安宁、永远和平!在这个世界里,有什么也不要有战乱,没什么也不要没有稳定。
> ……

丈夫的伟大品格,深深地感染着妻子许鹿希。她越发感到自己承担的这份使命的重要性。因为她抱着的不是普通的文稿,而是稼先那颗滚烫的心啊!

"希望人类永远和平!"这是生命的呐喊!这份建议书,是与死神抗争的辉煌!

看着许鹿希的背影,邓稼先忆起了忠诚于社会主义祖国的苏联核物理学家库尔恰托夫。

库尔恰托夫是苏联的核武器理论设计者,他与邓稼先一样,在核武器试验中深入现场，身先士卒，因受到强烈的核辐射，身体某些部位的皮肤一层接一层地坏死、脱落。辐射迫使这位原子巨人只能坐着轮椅走完生命的旅程。他坐在轮椅上，依旧痴心不改，向当年执政的赫鲁晓夫提出了发展新一代核武器的建议，却遭到拒绝，悻悻离去。

库尔恰托夫逝世于 1960 年 2 月。

邓稼先从来不称颂拿破仑发动的战争，但他却不止一次地向人们提起拿破仑失败的重要原因之一是他对现代化武器的不重视。

邓稼先深知，病魔不会让他活到那个建议书得到答复的时刻。尽管他的生死观是唯物主义的，但为了这份建议书，他还是感叹自己生命的短促。因为他才 62 岁呀，他还想为自己所眷恋的祖国多做些事情啊！

5 月，对北京人来说，可谓是另一个黄金季节。经过了漫长的冬季，在 5 月这个充满阳光的日子里，邓稼先渴望从室内走出来，到郊外、到大自然里呼吸一下春天的气息。

5 月末的一天，许鹿希和病中的邓稼先一起来到颐和园，漫步在波光潋滟的昆明湖畔。

5 月的颐和园，天空呈淡淡的蓝色，暖暖的阳光轻抚着美

好的湖光山色。5月的颐和园，笼罩在一片淡绿之中，可以闻到小草、树木的清香。一路上，邓稼先看到了一对对相依相偎的青年男女，听到了一位年轻母亲和她的小女儿正在谈论童话故事……祖国的大好河山，一派欣欣向荣、和平美好的景象。这一切都使邓稼先感到非常惬意。

那一天，许鹿希挽着邓稼先，穿长廊过短桥，曲曲弯弯来到了石舫。20世纪50年代初，风华正茂的邓稼先与正值青春年华的许鹿希热恋时，曾走过这条幽静的小路。这里曾留下了他二人青春的步履。两颗相依相爱的心灵编织了多少人生和事业的梦幻啊。而今他们都已年过半百，走过了大半个世纪的风雨人生之路。

他们依着石舫的汉白玉栏杆，举目四望，昆明湖水，纯碧一色。清风徐徐吹来，水波粼粼。此刻，湖上无船、无鸟，无嘈杂之声，无争竞之逐，悠悠然，舒舒然，好一派宁静的风光。邓稼先为这恬静的景色所陶醉，他似乎忘记了自己的病痛，他的心随着昆明湖水在歌唱，在跳跃。平心而论，在别人眼里，这一天的昆明湖实在是一个太平常的所在，而在邓稼先的心目中它却美妙无比。他感叹道："昆明湖水真好，湖边那片芳草地真好，那片杂树林子真好，让我觉得昆明湖小巧晶莹、温柔委婉、活泼俏丽，真是太美了……"这是他对夫人表达的歉意，也是他即将告别人生的凄楚情怀。

许鹿希用温柔的眼神看着他。他又摇了摇头说："我不后悔，如果我早生几十年，赶上清末，就是掌握多么高深的科技知识，也只能眼睁睁地看着慈禧太后把军费拿去建造花园，眼睁睁地看着甲午海战那样的悲剧发生。我能生活在这美好的时代，能为我们的国家尽自己一点微薄之力，死而无憾。"

最后，他凝视着艳红的夕阳，感慨地说道："奋斗的人生是最美好的人生！"

这就是邓稼先的悲壮遗言，也是一位爱国科学家的自白。

第八章 | 功勋满人间
"两弹元勋"邓稼先

1986年6月24日,《解放军报》在头版头条以《两弹元勋——邓稼先》为题,刊出了一篇报道,文中写道:"为了祖国的国防科技事业,他隐姓埋名,呕心沥血……他的名字和我们的国防大厦紧紧连在一起。"

邓稼先在生命的最后一个月里,突然过上了一种很不习惯的生活——他成了举世瞩目的新闻人物,被新闻记者、摄像机、话筒包围着。一年多以前,核工业部出版了一本记录我国第一颗原子弹诞生过程的书——《秘密历程》。在《秘密历程》一书中,邓稼先的形象非常神秘。邓稼先隐匿在"×研究员""×工程师"等许许多多若明若暗的代号中。但是,现在他突然从幕后站了出来,数不清的采访话筒、摄像机、照相机围住了他……

1986年6月初,解放军某部报告文学作家李培才奉命从西安赶回北京接受一项紧急采访任务。经过了解,他才知道,在开拓我国原子弹、氢弹事业的队伍中,有一位举足轻重的核心人物——邓稼先。

李培才和《解放军报》记者李亚丹一起,于6月23日写出了一篇报道,文中写道:

第八章 功勋满人间

他是我国核武器研制工作的开拓者和奠基者之一……我国"两弹"研制成功的速度是惊人的。取得这样的速度，是与邓稼先等诸位科研组织者的远见卓识与领导艺术分不开的。

邓稼先从事祖国的核武器研究工作20多年，许多重大理论问题和探索性研究工作都是他亲手把关、最后拍板的。很多方案都是他亲笔写的。

他常对青年同志们说："你们来到这里，就要做好无名无利的思想准备，但你们的工作必须达到世界先进水平。"

人们说，他的工作特点是身先士卒：攻关时他废寝忘食，甚至睡在机房里；有放射性危险时，他冲在最前面。从核装置的理论设计、加工组装到试验，他无不想亲临现场把关。我国进行的全部核试验，他有近一半到现场。

为了祖国的国防科技事业，他隐姓埋名，

> 呕心沥血，以为了国家利益甘当无名英雄的高尚品德，影响和带出了一支过硬的科技队伍。严谨的科学态度，民主的学术作风，不计名利，团结协作，很强的攻关能力。国防科研战线上这个无名英雄群体的特征正反映了它的带头人——邓稼先的品质。他的名字和我们的国防大厦紧紧连在一起。

这篇报道的原标题是《名字鲜为人知，功绩举世瞩目》。

当年，《解放军报》副总编辑何家生看完清样以后，对作者李培才说："用'名字鲜为人知，功绩举世瞩目'这句话做标题，还不太鲜明，改一下行不行？"

"可以，你说怎样改？"

"标上'两弹元勋——邓稼先'，怎么样？原来你们写的那个标题做眉题。"

"这样的标题当然好，可是——"李培才犹豫了一下，补充说，"这样改我做不了主。晚饭前我曾和亚丹到伍政委家送审过这篇稿子，要改，是不是再请示一下？"

与伍政委通话以后，伍政委在电话中表示同意这个新标题。伍政委就是当年的国防科工委政委伍绍祖。

于是，李培才拿了修改过的清样，直奔中央人民广播电台。电台军事部的编辑早已在门口等候许久了。

6月24日清晨，当人们还未看到当天的报纸时，中央人民广播电台已在《新闻和报纸摘要》节目中作为头条新闻播出了《两弹元勋——邓稼先》的报道。

原国防科工委主任陈彬当时也在中国人民解放军总医院住院，他听完广播，兴奋地跑进邓稼先的病房，紧紧地握住邓稼先的手说道："老邓啊，祝贺你！刚才电台广播了你的事迹。你是咱们当之无愧的元勋啊！"

在6月24日早晨6点30分中央人民广播电台的《新闻和报纸摘要》节目报道之前，邓稼先这个名字对全国人民来说是完全陌生的。对于这样一位功勋卓著的科学家，人们此前一无所知。中央人民广播电台的广播，使邓稼先的名字一下子传遍了全国。但是，人们并不知道这位英雄正在病榻上经受着癌症的煎熬！

了解一些情况的人，听到广播和看到报纸上刊登的消息之后，既欣慰又心酸："两弹元勋"这样的誉辞，更像是对生命垂危的邓稼先的人生做了总结。机敏的听众和读者似乎察觉到了消息背后隐约的哀音。

党中央、国务院、中央军委都非常关心邓稼先的病情和治疗情况，纷纷派人前往医院看望和慰问。看望他的领导告诉他，国务院决定把"七五"期间第一枚全国劳动模范奖章授给他。

1986年7月17日，在医院病房里举行了授奖仪式。

邓稼先很不习惯地在他那套灰色中山装上别了那枚闪闪发光的奖章。然后，他从衣袋里掏出了一张纸——那是他在一天前输完血以后，坐在气垫圈上挣扎着写成的讲话稿。这时，邓稼先的病情已经非常危重了——他的骨髓造血机能被破坏，身体消瘦虚弱，往往痛得大汗淋漓。他还有放疗性膀胱炎，日夜插着导尿管，行动非常不方便，但他仍然坚持要发言。

邓稼先满脸是汗，他又开始了剧烈的疼痛。稍微喘息了一下，他用微弱的声音宣读那篇讲话稿：

> ……我今天虽然患疾病，但我要顽强和病痛做斗争，争取早日恢复健康，早日做些力所能及的科研工作，不辜负党对我的期望。谢谢大家！

当他说完最后一声"谢谢"时,像是完成了一场殊死的搏斗,几乎耗尽了全身所有的能量……

终身无悔的选择

这天夜间，病魔加倍地来折磨邓稼先。深夜，剧烈的疼痛如肝胆俱裂、断肠剜心！大便不停地从人造肛门往外流。

他怕惊醒陪床照顾他的小游，既不敢大声呻吟，又不好意思叫醒他，便决定自己下床去清洗。从翻身坐起到下床，每动一下，他都要经历钻心的剧痛。他用双手紧抠床沿，先翻转身体，然后侧身坐起，轻轻地、慢慢地用尽全身力气，一点一点地支撑着站立起来。但是，他太虚弱了。两腿一软，咕咚一声，瘫倒在地板上。小游被惊醒了。

"小游，我把你吵醒了，真是对不起！"

"邓院长啊，我是受组织委托来照顾你的呀！你为什么不叫我？"小游一面搀扶起他，一面呼喊着。

邓稼先重新躺下来，一面任小游帮他清理衣服，一面断断续续地说道："其实，人的肉体上的许多伤痛，本身并不像人们想象的那么严重。倘若不把它当作一回事，就没什么大不了的。如果觉得疼痛，那是因为害怕疼痛。"

他说这些话时，面部表情很坦然。但那满脸的汗水，那被汗水浸透了的病号服告诉小游，他在忍受着多么强烈的剧痛！

一天，国防科工委的几位作家来医院探视他。他看到作家苏方学时，面带愧色地说："老苏，真对不起。1982年你去九院，我却赶回北京开会，让你白跑了一趟。这一晃都几年过去了。"

苏方学惊讶地说道："老邓，你真是好记性啊……"

那是1982年5月，苏方学到川东蘑菇山中邓稼先的"老家"去采访，提出要采访邓稼先。苏方学在招待所刚放下背包，便听到敲门声。开门一看，只见一位身材魁梧的学者。他一手拿了把黄油布雨伞，一手拿着条毛巾，笑吟吟地站在门口，问道："你就是老苏吧？我是邓稼先。"

苏方学很吃惊。因为要采访像邓稼先这样的大科学家、一院之长，一般都要住下来，等待安排时间。可是，他竟然这么快就来了。他忙请邓稼先坐下。邓稼先坐在床沿上，说道："老苏，听说你要找我谈谈。真对不起你。我刚刚整理完文件，马上就要去车站，所以赶忙来向你告别。真不好意思！不过，我经常去北京开会，我们有机会再见面的……"

时间过去了4年，想不到今天是在病房中再见到作家苏方学。

邓稼先叫小游扶他下床，到卫生间梳洗了一番，又换了一身干净的病号服，才出来与作家们交谈。他想坐下来，但臀部一触及气垫圈，便痛得满头大汗，脸都变了形。大家劝他躺下说话，他却忍痛坚持坐在气垫圈上。礼貌待客，一如往常。

谈话没有进行多久，他就坚持不下去了。他的声音越来越微弱，只好用手势来代替。剧烈的疼痛使他大汗淋漓。他想强迫自己忘掉病痛。然而，他实在做不到。

苏方学扶他躺在病床上，然后悄声问他说："邓院长，还有什么话要我转告读者吗？我们国防科工委的同志们都很敬重你，想听听你的人生箴言。"

邓稼先稍加思索，说道："选择了核武器，就意味着选择了牺牲和付出。可是，我对自己的选择终生无悔。"

他吃力地说完这句话便昏迷了。他清醒过来后，以更加微弱的声音说道："假如生命终结之后能够再生，那么，我仍选择中国，选择核事业……"一句话没有说完，他就无力地停下了。在场的几位作家及小游，都忍不住呜呜地哭了。

他停顿了一会儿，勉强笑了笑，反而安慰大家说："别这样，我不会死的。我是要到很远很远的地方去执行一项任务。那里有人在等我，我必须去。我还会回来，还会回到你们中间来的……"

他气微力竭，又一次昏迷过去……

诀别前的微笑

一个小时又一个小时过去了,妻子许鹿希默默地坐在病床前,看着紧闭双眼、面容清癯、时而清醒时而昏迷的丈夫,心绪起伏不定。这时,昏迷的邓稼先,呼唤起女儿的名字:"典典……典典……"

住院期间,邓稼先最大的安慰是女儿典典从美国的来信。他将典典的信放在枕边,疼痛时便一遍又一遍地读信,读着女儿那亲切的话语,疼痛就会减少许多。

1974年,典典由内蒙古生产建设兵团回到北京,在一家皮件厂当皮箱制作工人。1977年恢复高考后,她白天从事繁重的体力劳动,晚上回到家里,脱去沾满污迹的工作服后,就开始学习中学的数理化。她很有毅力,终于成功用3个月时间学完了中学全部的数学和物理知识。她1978年考取了北京一所大学。

3年后,她又通过了托福考试。

她踏上了父亲曾经走过的留学美国之路。

"胖爸:我在纽约给你写信,我想你……"

邓稼先非常疼爱典典,典典也深深地爱着父亲,因为他们父女二人有一种十分相似的气质——典典那温良的性格、宽广的胸怀、专注于事业的毅力,与邓稼先如出一辙!父亲总是教导女儿:"老老实实做人,一步一个脚印地走路!"典典记下了,典典做到了。对于典典来说,"胖爸"是世界上最可爱的爸爸。

正在美国攻读医学博士的典典回来了。7月20日清晨,邓稼先昼夜思念的女儿典典走进了他的病房。

"爸爸!"随着一声呼唤,典典不顾一切地扑进爸爸的怀里,放声大哭起来。

"典典!"邓稼先再也控制不住自己,爆发出悲凉的呼唤和哭声。

父女二人久久地抱在一起,放声痛哭着。

多少天以来,邓稼先强忍剧痛,以平静的神情与每一个前来探视的人交谈,脸上总是挂着一丝微笑。唯有当心爱的女儿扑向他的怀抱时,他才一下打开了感情的闸门,任感情宣泄。他像小孩子似的痛痛快快地哭着,久久地哭着……

"稼先你看,典典从美国给你带回来了许多你爱吃的东西!"许鹿希担心邓稼先过于激动,连忙开口转移他的注意力。

"好多年都没这样聚在一起了!"邓稼先停止了哭泣,长长地舒了一口气。他安详地躺在床上,一手拉着典典,一手拉着平平，面对着妻子许鹿希感叹道。

看到丈夫开心地拉着一双儿女，许鹿希眼前突然浮现出一家人相聚朗润园的一幕：邓稼先采来一片嫩叶，吹响了叶笛……

她的眼前又换了一个场景：在波光粼粼的游泳池里，邓稼先在教典典和平平游泳，她站在池边瞧着爷儿仨戏水。那"胖爸"像只大白熊，典典和平平像两条黑泥鳅。两条泥鳅一会儿出现在大白熊身前，一会儿又出现在大白熊的身后，爷儿仨高兴地嬉戏着，发出爽朗的笑声……

水波消失了，大白熊不见了。躺在病床上的邓稼先，已经变得那样消瘦单薄，一双潭水般深邃明亮的眼睛，如今常常紧闭着。

许鹿希心情沉痛地把脸背了过去。她害怕丈夫看见自己的泪水。

与家人难得的相聚使他意识到：他的人生终点渐渐逼近了。为此，他更加思念"老家"，思念"老家"的伙伴们。因为，他一生的大好年华都是在那里和他们一起度过的呀！

"'老家'来人啦！"警卫员放下电话激动地对他说。这真是一剂灵丹妙药，这个消息给邓稼先注入了一股强劲的精神

力量。形容枯槁的他立即露出了微笑。

当九院曾经的同事们走进病房时,他惊喜地呼唤着他们的名字。

此刻,他的思绪和话语都是那样清楚、明白,完全不像是个危重病人。

事实上,邓稼先在生命的最后几天里,由于眼底出血,已经看不清这个世界了,包括他的妻子、儿女。但是在这一刹那,他似乎看清了当年唱着歌砍高粱的姑娘和小伙子们,当年那些

向他喊饿、嚷着要他买饼干的姑娘和小伙子们。这么多年过去了,如今,他们都是年过半百的人了——"红椒"的头顶秃了,"青椒"的短发白了,"朝天椒"戴了一副高度近视眼镜……

他们走近病床,还像当年那样,亲切地连声喊他"老邓……老邓……"

他们带着"老家"人那一颗颗滚烫的心,站在邓稼先床边,见到老院长变成了这个样子,怎么也抑制不住悲痛的心情,一个个泪流满面。他们转过身去,生怕老院长看到他们在哭泣。

然而,此时邓稼先的眼睛已经看不见了。他是用一颗同样滚烫的心,在与他们每一个人交流。他与他们,他们与他,彼此间再熟悉不过了。

邓稼先躺在床上,面对着模模糊糊的墙壁、影影绰绰的面孔,静听着伙伴们的啜泣声!他显得很平静。他在和伙伴们商量着回归"老家"的日期:秋天,不;冬天,不;春天,对,春天是最好的季节。他心里明白,这已是不可能的事情了,但他还是在认真地斟酌着。他是那样强烈地眷恋着"老家",眷恋着人世;他是那样珍惜生命、珍惜人生。他那自尊、自重、坚韧、平和的品格,贯穿着他生命的全程。

7月28日,是邓稼先告别"老家"的周年纪念日。这个纪念日，实在是来得太早、太残酷了。

这天，他突然从昏厥状态中醒来，睁开了眼睛，苍白瘦削的脸庞也绽出了红晕。一切似乎都恢复了正常。

他似乎感觉到了，这是他人生的最后一天。最后一天是极其宝贵的。他拉住妻子的手，觉得几十年来，他与妻子的相处是那样美好，他后悔与妻子在一起的时间太短，似乎还没有一次和妻子亲亲热热地闲聊过一个夜晚，没能淋漓尽致地向她说出自己心中的秘密；他后悔没能陪着典典和平平多游几次泳……

尽管有许多遗憾，他还是认为自己活得值得。在生命的最后一天，他应当活得更真诚、更坦荡、更潇洒、更有价值。

他想坐起来，要典典在身后撑着他。他的头依偎在典典的怀里，嘴唇微微地颤动着。

此刻，许鹿希感觉到，一个伟大的人的人生终点已经出现在眼前。于是，她俯下身来问道："稼先，你还有什么话要说吗？"

他摇了摇头，似乎是没有什么话要说了。过了一会儿，他又想起来了要说的话。他说道："我死后，不要搞遗体告别，不要开追悼会，不要惊动太多的人……把我的骨灰撒在妈妈的墓地旁……她是一个伟大的母亲，她给我的爱太多、太多……"

他没有继续说下去。这时，他的助手小胡风尘仆仆地走进病房。他从大山深处来，他带来了九院向高科技发展的远景规划。小胡要向他的院长做详细汇报，这个规划凝结着老院长的心血、才智和理想啊！

然而，他的老院长已经无力与他说话了。邓稼先的脸上再次浮现出一丝微笑。

这是向死神挑战的微笑。

这是向美好未来祝福的微笑。

这是向妻子和亲人告别的微笑。

就这样，以一种独特的方式，邓稼先与亲人们诀别了。他用微笑，最后一次体味着生命的珍贵。这微笑，使许鹿希刻骨铭心！

就这样，一个伟大的生命，眷恋着永远干不完的核事业离去了，眷恋着永远爱不够的亲人离去了，眷恋着他所热爱的祖国离去了！

时间是，1986年7月29日下午1时50分。

"功勋泽人间"

噩耗传到上海，上海青年将"两弹元勋"邓稼先评为"时代之星"，称他的杰出贡献振奋了民族精神，将会鼓舞几代青年。

噩耗传到北戴河，传到中央工作会议的会议桌上，中央领导同志的心情都非常沉痛。党中央决定隆重地追悼邓稼先。他一生甘做无名英雄，难道还能再用无名的仪式将他送走吗？

国防部长张爱萍受党中央的委托首先赶到北京。这位老将军与邓稼先相处已20多年，友情甚笃。老将军挥泪写了这样的诗句。

> 踏遍戈壁共草原，二十五年前。连克千重关，群力奋战君当先。捷音频年传。
>
> 蔑视核讹诈，华夏创新篇。君视名利如粪土，许身国威壮河山。哀君早辞世，功勋泽人间。

1986年8月3日下午的八宝山，邓稼先安睡在鲜花丛中。

他像是一只山鹰，飞累了，在僻静处小憩，脸上依然是一副宽厚微笑的神态。也许，小憩之后，他仍将重举双翼，直上蓝天。

悼念大厅两侧，摆满了党和国家领导人为邓稼先送来的花圈和挽联。

3时整，部分中央领导以及邓稼先的生前好友等800余人走进灵堂。

张爱萍眼含泪水，追述了邓稼先的功勋。他在悼词中说：

> 今天，我们怀着十分沉痛的心情，深切悼念这位为我国的核武器事业无私无畏地奉献了自己毕生精力的工人阶级优秀战士、中国知识分子的杰出代表……

"无私无畏""奉献了自己毕生精力"，这是多么确切的概括啊！他隐姓埋名28年，战斗在雪域高原、戈壁大漠、野岭深山，多少次勇敢地冲向极其危险的现场，视死如归，无私奉献，一心为人民，不图回报，这就是邓稼先真实的一生啊！

> 邓稼先同志为我国的核武器研制事业兢兢业业，呕心沥血，孜孜不倦地奋斗了28年……为打破超级大国的核垄断，增强我国的国防力量，保卫世界和平做出了不可磨灭的贡献……

老将军由于动情，不停哽咽，这深沉、厚重的声音，是历史的回音。一字一句都是邓稼先28年来奋斗的历程，是邓稼先高贵品德的真切概述。句句悼词，像黄钟大吕，叩击着人们的心扉。近千人的哀悼队伍，人人眼含热泪向邓稼先的遗体告别。人们呼唤着邓稼先的名字，似乎在呼唤着一个泣血的灵魂。

在九院，人们不相信他们的老院长就这样离他们而去了。他们从不愿意提起那个话题，甚至不忍心去清理老院长的办公室……

邓稼先的办公室，摆设依旧，仿佛在告诉人们：老院长刚刚离去，很快就要回来。半开的书橱，随意摆放的拖鞋，写字台上掀开的书，还有那些描绘未来星球大战的一叠叠复印件……这诸多事物似乎都在静静地等待着它们的主人归来。

人们在实验室、在车间、在试验场，似乎一次又一次地见到了他。他使大家平添了攻关的勇气和信心，平添了智慧和力量，平添了团结和凝聚力，从而实现了我国尖端武器研制的新突破！

邓稼先在过去的28年，在许多地方都留下了坚实的脚印。那是他用魁梧的身躯、坚定的信念和全部心血留下的脚印。他走路时总是一往无前，绝不左顾右盼，不回头张望。他留下的脚印或许已经被大漠风沙掩埋，但他的脚步永远留在了那里，成为大漠荒原永恒的丰碑。

邓稼先的"秘密历程"就这样终结了。

邓稼先的"秘密历程"真的终结了吗？

1999年9月18日，党中央、国务院、中央军委在北京召开大会，隆重表彰研制"两弹一星"的功臣，授予23位科学家"两弹一星"功勋奖章，其中王淦昌、邓稼先等科学家也被追授"两弹一星"功勋奖章。

在这庆祝中华人民共和国成立50周年之际，党和国家将这枚由550克黄金铸就的"两弹一星"功勋奖章追授给邓稼先，这是党和国家对这位伟大科学家一生殚精竭虑、无私奉献的行为的最高奖赏和肯定。

安息吧，功勋科学家邓稼先！